Elizabeth C. Prophet & Patricia R. Spadaro

Praktische Spiritualität

W0067440

Praktische Spiritualität

Medizin für die Seele

Elizabeth Clare Prophet
und Patricia R. Spadaro

*Aus dem Amerikanischen
von Andrea Fischer*

//////////////// SILBERSCHNUR ////////////////

Contact:
Summit University Press
63 Summit Way, Gardiner, Montana 59030
Tel.: 406-848-9500 – Fax: 406-848-9555
E-mail: info@summituniversitypress.com
Website: http://www.summituniversitypress.com

ISBN: 987-3-89845-206-9

1. Auflage 2007
2. Auflage 2008

Übersetzung: Andrea Fischer
Gestaltung & Satz: XPresentation, Boppard
Druck: Finidr, s.r.o. Cesky Tesin

Verlag "Die Silberschnur" GmbH · Steinstr. 1 · 56593 Güllesheim
www.silberschnur.de · Email: info@silberschnur.de

INHALTSVERZEICHNIS

Anmerkungen

Hinweis: Weil eine geschlechterneutrale Ausdrucksweise den Lesefluss stört und manchmal verwirrend sein kann, benutzen wir oft "er" und "ihn", wenn wir von Gott oder einer individuellen Person sprechen, sowie "Menschheit" für die Menschen im Allgemeinen. Diese Worte setzen wir nur zur besseren Lesbarkeit ein. Sie sollen nicht frauenfeindlich verstanden oder so interpretiert werden, dass Frauen oder der weibliche Aspekt Gottes von uns ignoriert werden. Entsprechend erheben wir mit unserer Verwendung der Bezeichnung "Gott" keinen Absolutheitsanspruch in dem Sinn, dass dies die einzige Bezeichnung für das Göttliche wäre.

Spiritualität im Alltag

»Was ist der Weg?«,
wurde der Zenmeister Nan-Sen gefragt.
»Das tägliche Leben ist der Weg«,
antwortete er.

Irgendwann hat jeder von uns schon einmal eine erhebende spirituelle Erfahrung gemacht, ob wir diese so genannt haben oder nicht. Vielleicht war es ein tiefes Gefühl inneren Friedens oder eine intensive Kommunikation mit der Natur. Vielleicht passierte es auf einer langen Bergtour oder als Sie sich das erste Mal verliebten. Doch dieses Gefühl, was auch immer es war, hielt einfach nicht lange genug an, und im Nachhinein überlegten Sie sich jedes Mal, wie Sie diesen Moment wieder einfangen könnten.

Wie können wir diesen inneren Frieden aufrechterhalten? Wie können wir unsere Beziehungen, unser Familien- und unser Arbeitsleben mit einem spirituellen Funken bereichern? Wie zapfen wir unsere innere Quelle an, um Stress zu bewältigen und die Blockaden unserer Kreativität zu überwinden? Wie setzen wir unsere Spiritualität in die Praxis um?

Ich widme mich bereits mein ganzes Leben lang der Kunst der praktisch gelebten Spiritualität. Ich kann mich nicht an Zeiten erinnern, da ich nicht mit Gott wandelte und redete. Bereits als Kind lockte mich meine spirituelle Suche in alle Kirchen und in die einzige Synagoge meiner Heimatstadt. Später begann ich, die Weltreligionen zu studieren.

Schließlich brachte mich meine Suche zu Füßen der großen Lichtfiguren, bekannt als 'Aufgestiegene Meister' – die Heiligen und Adepten, die den spirituellen Traditionen des Ostens und Westens entstammen. Diese Erleuchteten haben ihren Daseinszweck erfüllt und sind 'aufgestiegen', d.h. eins geworden mit Gott. Jeder von ihnen hat uns etwas Einzigartiges, Wichtiges darüber beizubringen, wie man sich in der Kunst der praktisch gelebten Spiritualität übt. Ich persönlich glaube nicht, dass jeder Mensch oder jede spirituelle Tradition seinen persönlichen Absolutheitsanspruch auf die Spiritualität besitzt, sondern bin vielmehr der Ansicht, dass wir von jedem etwas lernen können.

Ebenso, wie es viele Möglichkeiten gibt, einen Berg zu erklimmen, gibt es auch viele Möglichkeiten, den Gipfel des Seins zu ersteigen. Jeder Weg bietet Ihnen einen anderen Blickwinkel, diesen Gipfel zu betrachten - eine neue Möglichkeit zu verstehen, wer Gott ist und wer Sie sind.

Wir erklimmen diesen Berg jeden Tag, nicht nur, wenn wir uns Zeit dafür nehmen, um in den Bergen zu meditieren oder einen herrlichen Sonnenuntergang zu beobachten. Spiritualität ist ein Bestandteil des täglichen Lebens.

Eine funktionierende Beziehung zum Geist

Was bedeutet es, ein spirituelles Leben zu führen, und was ist Spiritualität? 'Spirit' kommt vom Lateinischen 'spiritus' und bedeutet 'Atem', 'Odem eines Gottes' oder 'Inspiration'. Spiritualität ist für die Seele das, was für ein Neugeborenes der Atem des Lebens ist. Spiritualität haucht uns das Leben ein. Sie verleiht uns Frieden und Lebenssinn. Sie befähigt uns, uns selbst und andere zu lieben und zu nähren.

Spiritualität bedeutet, in der Lage zu sein, eine funktionierende Beziehung mit dem Geist aufrechtzuerhalten. Es ist ganz gleich, ob wir diese spirituelle

11

Quelle 'Christus', 'Buddha', 'Tao' oder 'Brahman' nennen. Wir können alle mit der universellen Kraft des Geistes in Kontakt treten – und in Kontakt bleiben – indem wir täglich mit dieser Beziehung arbeiten und diesen Kontakt herstellen.

Wenn wir über Spiritualität in der Praxis reden, sprechen wir in Wirklichkeit über 'spirituelle Befähigung', die Macht, uns selbst und die Welt um uns zu verwandeln. Spirituelle Befähigung beginnt damit, dass man folgende Dinge versteht: "Wer bin ich, und warum bin ich hier? Wo gehe ich hin, und wie gelange ich dorthin?"

Wer bin ich?

Sie sind ein spirituelles Wesen – ein Kind Gottes in menschlicher Gestalt und Person. Sie sind göttlicher Natur. Tief in Ihrem Inneren wohnt ein Teil Gottes. Dies ist Ihre persönliche Kraftquelle.

Die hinduistische Tradition beschreibt diesen uns innewohnenden Geist mit mysteriösen Worten als "das innerste Selbst, nicht größer als unser Daumen", das "im Herzen lebt". Die Buddhisten nennen es die 'Buddhanatur'. Jüdische Mystiker bezeichnen es als 'Neshamah'. Meister Eckhart, ein christlicher Theologe und Mystiker aus dem 14. Jahrhundert, verkündete: "Gottes Same ist in uns". "Ein Teil von uns", so schreibt er, "bleibt ewig im Geist und ist göttlich ... Hier glüht und lodert Gott ohne Unterlass."

Obgleich diese Ansätze aus den unterschiedlichsten Blickwinkeln stammen, beschreiben all diese mystischen Pfade die spirituelle Flamme, den göttlichen Funken, der im tiefsten Inneren unseres Herzens pulsiert. Manchen Menschen, die mich diese These schon seit Jahren lehren hören, fiel es schwer zu akzeptieren, dass ein Teil Gottes in ihnen lebt. Dies rührt daher, weil vielen von uns bereits als Kind beigebracht wurde, im Außen nach Lösungen für die Probleme des Lebens zu suchen, anstatt sich die spirituelle Kraft in unserem Inneren zugänglich zu machen, um diese Herausforderungen anzugehen.

Ich mag die Art und Weise gern, wie die Alten es früher erklärt haben. Sowohl Buddhisten als auch die frühen Christen, die als 'Gnostiker' [1] bekannt waren, gebrauchten das Bild vom 'Gold im Schmutz', um es den Menschen leichter zu machen, ihre spirituelle Essenz zu verstehen. Sie sagten, das Gold unseres Geistes kann vom Schmutz dieser Welt bedeckt sein, doch der Schmutz kann diesen Geist, der uns angeboren ist, niemals zerstören.

Mit anderen Worten: Es ist ganz gleich, was Sie hinter sich haben. Es ist ganz gleich, wie viel Schmutz auf Ihren Geist gespritzt ist und Ihre äußere Erscheinung beeinträchtigt hat, während Sie sich durch die Schützengräben des Lebens geschleppt haben. Es ist ganz gleich, was andere Menschen über Sie sagen. Sie tragen immer noch einen schönen, ewigwährenden Funken Gottes mitten in Ihrem Innersten.

Neben Ihrem göttlichen Funken ist Ihr Höheres Selbst ein weiterer Bestandteil Ihrer Realität. Ihr Höheres Selbst ist Ihr weises Inneres Selbst, Ihr Hauptschutzengel, Ihr liebster Freund. Jesus identifizierte das Höhere Selbst als 'Christus', und Gautama entdeckte es als den 'Buddha'. Daher wird das Höhere Selbst auch 'innerer Christus' (oder Christusselbst) oder 'innerer Buddha' genannt. Mystiker des Christentums bezeichnen es manchmal als 'den verborgenen Menschen des Herzens' oder 'inneres Licht'.

Ihr Höheres Selbst ist Ihr innerer Lehrer, der mit seiner ruhigen, gedämpften Stimme in Ihrem Inneren spricht und Sie vor Gefahren warnt, Sie unterweist, Sie wieder zu Ihrer göttlichen Realität zurückruft. Ihr Höheres Selbst wird Ihnen immer unfehlbar die richtige Richtung weisen, wenn Sie sich die Zeit nehmen und sich auf diese Stimme einstellen. Wie

Mahatma Gandhi einst sagte: "Den einzigen Tyrannen, den ich in dieser Welt akzeptiere, ist die ruhige, gedämpfte Stimme in mir."

Warum bin ich hier, und wo gehe ich hin?

Ziel für jeden von uns ist es, just hier auf Erden die Reflexion unseres Höheren Selbst zu sein – das volle Potenzial, das in unserem spirituellen Selbst sitzt, zu manifestieren. Das tat Gautama Buddha. Daher nennt man ihn den 'Buddha' (d.h. den Erwachten). Das tat Jesus. Daher nennt man ihn den 'Christus' (d.h. den Gesalbten), den, der mit dem Licht des Höheren Selbst gesalbt ist. Da Jesus sein Höheres Selbst voll und ganz verkörperte, sagte der Apostel Paulus: "In seinem Körper wohnt die ganze Fülle Gottes."

Gautama Buddha, Jesus und all die Aufgestiegenen Meister sagen uns, dass auch wir unser volles spirituelles Potenzial verwirklichen können. Wie? Indem wir unseren spirituellen Teil verstehen, in Kontakt mit ihm treten und entfalten. Indem wir unsere persönliche innere Größe freisetzen, so dass wir den höchsten Ruf unserer Seele erfüllen und anderen dabei helfen können, das Gleiche zu tun.

Wir alle haben Momente, in welchen wir uns mit unserem Höheren Selbst verbunden fühlen - in welchen wir kreativ und sensibel, voller Mitgefühl und Fürsorge, Liebe und Freude sind. Doch es gibt auch andere Momente, in denen wir uns nicht im Einklang mit unserem Höheren Selbst befinden - Momente, in welchen wir uns wütend, depressiv und verloren fühlen. Beim spirituellen Weg geht es um eines: Es geht darum zu lernen, die Anbindung an unseren höheren Teil selbst aufrechtzuerhalten, so dass wir unseren größtmöglichen Beitrag zur Menschheit leisten können.

Wie gelange ich dorthin?

Schritt für Schritt lernt Ihre Seele, sich an ihre innere Kraft anzuschließen, um die Bestimmung zu erfüllen, die einzig und allein die Ihre ist. Dies geschieht nicht auf einmal. Es geschieht jeden Tag ein kleines bisschen. Spiritualität ist ein Prozess - ein Weg. Wir gehen diesen Weg nicht nur einfach so. Manchmal erschließen wir ihn uns erst während des Gehens. Und es geht nicht nur darum, *was* wir auf dieser Reise tun, sondern auch, *wie* wir es tun.

Durchtränken Sie, während Sie Ihren eigenen Weg gehen und Ihre Bestimmung erfüllen, Ihr Handeln und all Ihre Beziehungen - zu Hause, in der Arbeit, beim Spiel - mit der besonderen Herzensqualität, die nur Sie geben können? Gelingt es Ihnen, mit Ihrem spirituellen Teil in Verbindung zu bleiben? Gelingt es Ihnen, tief in Ihre göttliche Natur einzutauchen, um die Menschen auf eine höhere Ebene zu heben, die mit Ihnen zu tun haben? Dies ist die hohe Kunst der praktisch gelebten Spiritualität. Wie Thoreau sagte: "Die Tagesqualität zu beeinflussen - das ist die höchste aller Künste".

Man stellt mir oft sehr praktische Fragen: "Wie kann ich die Stresssituationen des Alltags bewältigen und dennoch spirituell angebunden bleiben? Wie kann ich spirituell sein, wenn mein Computer heute bereits zum fünften Mal abgestürzt ist? Oder wenn ich wieder in der Spätschicht arbeiten muss, und mein Siebenjähriger von mir erwartet, dass ich ihm beim Fußballmatch zuschaue? Oder wenn ich soeben herausgefunden habe, dass unser Management Stellenabbau plant? Wie kann ich inneren Frieden finden, wenn um mich herum das Chaos tobt?"

Es ist nicht leicht. Doch es gibt praktische spirituelle Lösungen für die Herausforderungen unserer

Zeit. Es gibt Seekarten, die uns eine Hilfe sein können, um durch die raue See und die Engpässe des Lebens zu steuern. Genau darum geht es im Rest dieses Buches.

Die Schlüssel zur praktisch gelebten Spiritualität, die Sie auf den folgenden Seiten finden, sind eine Auslese aus dem alten Wissen der spirituellen Traditionen dieser Welt sowie von praktischen Erfahrungen. Sie haben mir und vielen anderen geholfen, als wir sie auf die Herausforderungen des Alltagslebens anwandten. Was ich hier mitteile, ist grundlegend, jedoch keineswegs erschöpfend. Es gäbe noch so viel mehr zu sagen – und jeder einzelne Schlüssel könnte ein eigenes Buch füllen. In der Tat ist dies nur der Anfang. Wie es endet, liegt schließlich bei uns.

1 Entdecken Sie die größte Leidenschaft Ihrer Seele und machen Sie diese zu Ihrer Mission

»Jeder Mensch hat seine eigene Berufung ...
Es gibt eine Richtung, in die sich der ganze
Raum für ihn öffnet.«

– Ralph Waldo Emerson

S ie sind geboren, um auf Erden einen einzigartigen Zweck zu erfüllen. Das bedeutet, dass es etwas gibt, das dazu bestimmt ist, von Ihnen, von Ihnen ganz allein, getan zu werden – und wenn Sie es nicht Ihren Liebsten oder der Rettung der Menschheit zuliebe tun, wird es niemand tun.

Viele unter uns haben nicht die leiseste Ahnung davon, wie unsere Mission lautet, oder sogar, dass wir überhaupt solch eine Mission haben sollen. Um Ihre Mission zu entdecken, sollten Sie sich zunächst folgende Fragen stellen: "In welchem Bereich liegen meine Leidenschaften? Was mache ich liebend gerne, wofür lebe ich eigentlich?" Kurz und bündig: "Was macht mich glücklich?"

In einem Ausspruch der Hasider wird geraten: "Jeder sollte sorgfältig darauf achten, wo ihn sein Herz hinzieht, und dann diesen Weg mit vollem Einsatz einschlagen."

Sie werden Ihre Leidenschaft erkennen, denn diese lässt Ihr Herz singen. Es ist das, was Sie morgens aus dem Bett springen lässt. Wenn Sie darüber reden, werden Sie beflügelt, energetisch aufgeladen, lebendig.

Das bedeutet jedoch nicht, dass es immer leicht ist, der Leidenschaft unserer Seele zu folgen. Es kann sich sowohl wie ein Todeskampf als auch wie Ekstase anfühlen. Sie werden z.B. vielleicht die harschen Stimmen ausblenden müssen, die so hartnäckig wie nur möglich versuchen werden, die Stimme Ihrer Seele zu ersticken.

T.S. Eliot gab seinen Schülern einmal folgenden Rat: "Was immer ihr auch glauben mögt, seid sicher, dass es auch wirklich euere eigenen Gedanken sind ... Es ist schlimm genug, Dinge zu denken und zu wollen, weil euere Eltern wollen, dass ihr das denkt und wollt, doch es ist noch schlimmer, das Gleiche zu denken und zu wollen, wie all unsere Zeitgenossen auch." Und Bertrand Russell witzelte einmal: "Man sollte die öffentliche Meinung insoweit respektieren, wie es dazu notwendig ist, dass man nicht verhungert bzw. ins Gefängnis kommt."

Ein weiterer Grund, weshalb es nicht immer leicht ist, der Leidenschaft unseres Lebens zu folgen, besteht darin, dass dies harten Einsatz erfordert. Unsere Berufung ist der Schmelztiegel, in dem wir unsere wahre Identität schmieden. Es ist das Labor, in dem wir, wie Alchemisten des Geistes, lernen, die unedlen Metalle unserer niederen Natur in das Gold unseres Höheren Selbst zu verwandeln. Diese Seelenarbeit ist eine heilige Arbeit, die wir nicht nur für uns selbst, sondern auch für andere verrichten. Was dabei herauskommt, ist ein Geschenk, das wir auf den Altar der Menschheit legen können.

> »Mögen Sie jeden Tag Ihres Lebens leben.«
> - JONATHAN SWIFT

Nehmen wir die Herausforderung nicht an, sondern entscheiden uns für den einfachen Weg – weil es bequemer oder einträglicher ist – dann betrügen wir damit unsere eigene Seele. Denn die Seele muss, wie Jim Lehrer einmal bemerkte, "genauso gepflegt werden wie das Bankkonto und die persönliche Biografie."

Manchmal haben wir Verpflichtungen gegenüber anderen Menschen, die uns davon abhalten, unsere Leidenschaft gleich voll und ganz auszuleben. Einige dieser Verpflichtungen stammen möglicherweise von unserem Karma[2] her. Die Umstände mögen es beispielsweise erfordern, dass Sie auf Kosten Ihrer persönlichen Wünsche eine bestimmte Zeit lang auf ein Kind oder einen kränkelnden Elternteil aufpassen oder jemand anderem helfen müssen.

Es ist immer wichtig, karmische Verpflichtungen zu beachten. Doch wenn Sie diese spirituellen 'Schulden' anderen gegenüber abbezahlt haben, werden Sie sich viel leichter fühlen, und Ihre Seele wird befreit sein, um ihrer höchsten Berufung nachzugehen. Die beste Methode, um sich von hinderlichen karmischen Umständen zu befreien, besteht darin, sich mit ganzem Herzen und voller Freude in die Aufgabe zu stürzen, diese Verpflichtung zu erfüllen, so dass Sie diese hinter sich bringen und weitergehen können.

Ein weiteres Prinzip, das Sie berücksichtigen sollten, ist die Tatsache, dass Ihre Mission nicht notwendigerweise mit Ihrer Arbeit identisch ist. Es ist wunderbar, wenn Sie imstande sind, Ihre Leidenschaft in eine Karriere zu gießen. Doch Ihre Mission muss nicht zwangsläufig mit dem übereinstimmen, womit Sie Ihr Geld verdienen. Es kann auch etwas sein, was Sie am Feierabend tun, wie etwa Musik komponieren, mit behinderten Kindern arbeiten oder Tiere pflegen.

In der Tat kann es sein, dass Ihre Mission überhaupt nicht dem entspricht, was Sie tun, sondern was Sie *sind*. Es kann Ihre Mission sein, beim Umgang mit anderen Menschen, in Ihren Beziehungen, in allem, was Sie tun, eine einzigartige spirituelle Qualität (wie etwa Liebe, Mitgefühl, Geduld, Aufrichtigkeit) einfließen zu lassen, so dass Ihr Leben beispielhaft für andere ist.

Mutter Teresas Berufung und die ihrer Wohlfahrtsmissionare bestand beispielsweise darin, den Ärmsten der Armen zu dienen, während sie unter ihnen weilte. Doch es war mehr als nur das. Ihre Mission bestand darin, Liebe in Aktion zu sein. "Wir müssen dem Volk durch unseren Dienst Gottes Liebe bringen", sagte Mutter Teresa einmal. "Wir tun keine großen Dinge, nur kleine Dinge mit großer Liebe."

Der Aufgestiegene Meister El Morya, der den Theosophiestudenten als 'Meister M.' bekannt ist, sagt, dass es zu unserer Mission gehört, die Talente zu perfektionieren, die Gott in unsere Seele gelegt hat. Gott hat Ihnen bestimmte Talente geschenkt, so dass Sie Ihren höchsten und wahrhaftigsten Teil mit anderen teilen können. "Der Sinn des Lebens", so sagt er, "besteht darin, Gott zu finden - in sich selbst, in den individuellen Talenten, in der persönlichen Berufung und im eigenen heiligen Bemühen. Es bedeutet, alles, was man tut, mit seinem Geist zu durchtränken."

»Der Sinn des Lebens ist es, ein Leben mit Sinn zu führen.«
- ROBERT BYRNE

In der beliebtesten klassischen spirituellen Schrift Indiens, der Bhagavad Gita, rät der Held Krishna seinem Schüler und Freund Arjuna, sein *Dharma* zu erfüllen, den Plan Gottes für seine Seele. Unser Dharma ist unser Lebenszweck - unsere Pflicht, der zu sein, der wir wirklich sind, unser wahres Potenzial zu entfalten.

Als der Krieger Arjuna am Vorabend einer entscheidenden Schlacht zögert, lehrt ihn Krishna: "Das eigene Dharma ist, auch wenn es nicht perfekt ausgeführt ist, immer besser als das Dharma eines anderen, auch wenn dieses gut ausgeführt ist."

Diese tiefgreifende Lehre bringt auf den Punkt, dass es Ihre spirituelle Pflicht ist, Ihrer persönlichen Mission nachzugehen. El Morya formuliert es so: "Das eigene Kanu ist besser als das Schiff eines anderen, auch wenn es viele Löcher hat. Wir schätzen es nur, wenn man im eigenen Boot segelt."

Wenn wir der Leidenschaft unserer Seele nicht nachgehen, kann dies in spiritueller, emotionaler und sogar körperlicher Hinsicht verheerende Folgen nach sich ziehen. Es kann uns nicht nur miesepetrig, sondern sogar emotional und körperlich krank machen. "Die verlorene Seele", schreibt das Medizinmedium Caroline Myss, "ist sehr empfänglich für Krankheiten."[3]

Das Gefühl, dass das Leben seine Seele verloren hat, oder dass unsere Seele ihr Leben verloren hat, kann auch zu Abhängigkeiten führen, die als Fluchtmöglichkeit aus der Realität dienen. Aus spiritueller Sicht kann dies zu einer 'dunklen Nacht' für die Seele führen.

Ich möchte Sie ermutigen, sich Zeit zu nehmen, um über die folgenden Fragen nachzudenken. Es handelt sich dabei um einige der wichtigsten Fragen, die Sie jemals in diesem Leben beantworten werden. Wir müssen uns diese Fragen sogar von Zeit zu Zeit immer wieder neu stellen, denn in dem Maße, wie unsere Seele sich entwickelt, wächst auch unsere Mission.

Spirituelle Übungen

- **Entdecken Sie Ihre Leidenschaft**
  Wenn Sie bisher noch niemals über Ihre Leidenschaft im Leben nachgedacht haben, kann es sein, dass es Ihnen nicht leicht fällt, die folgenden Fragen zu beantworten. Lassen Sie einfach Ihr Herz zu Ihnen sprechen und gestatten Sie es, dass sich die Antworten zu gegebener Zeit einstellen. Bitten Sie Ihr Höheres Selbst, Ihnen göttliche Anweisungen zu schicken, und seien Sie daraufhin offen für alle Möglichkeiten.

Bin ich glücklich mit der Richtung, in die mein Leben läuft, sowie mit dem, womit ich die meiste Zeit verbringe?

Was ist meine Leidenschaft im Leben?

Was ist das größte Talent, das Gott mir geschenkt hat, um es mit anderen zu teilen?

*Wie kann ich es veredeln
und perfektionieren?*

*Wie kann ich mein Talent einsetzen, um
für meine Familie, meine Gemeinschaft, für
die Menschen in meinem Wirkungskreis, für
die Menschen, die mich brauchen, den
höchstmöglichen Beitrag zu leisten?*

*Wie kann ich aus diesem Talent Kapital
schlagen, um meinen Lebensunterhalt
zu verdienen, und dem Talent infolgedessen
einen beträchtlichen Teil meiner Zeit
widmen?*

2 Vereinfachen Sie Ihr Leben und leben Sie zielgerichteter, indem Sie materielle und spirituelle Ziele zu Ihren Prioritäten machen

»Auf lange Sicht gesehen trifft
der Mensch nur das, worauf er zielt.«

– Henry David Thoreau

Heute, in unserem Zeitalter wachsender Komplexität, zunehmender Geschwindigkeit und steigenden Drucks, entscheiden sich viele Menschen für eine einfachere Lebensweise. Sie tauschen das mühevolle Erklimmen der Betriebsleiter gegen größere persönliche Freiheit, mehr Zeit mit Familie und Freunden und weniger Stress bei der Arbeit ein, selbst wenn sie dabei weniger verdienen.

Das Institut für Trendforschung in Rheinbeck/New York, schätzt, dass 15% aller Amerikaner ihren Lebensstil heruntergeschraubt haben. Bis zum Jahr

2005 werden mindestens 15% der Menschen aus Industrieländern in der einen oder anderen Form freiwillig dazu übergegangen sein, ihren Lebensstil zu vereinfachen – im Vergleich zu weniger als 2% im Jahr 1998. Dies ist nicht nur wieder einfach der letzte Modeschrei. Es ist vielmehr die Antwort einer ganzen Generation auf die tiefe Sehnsucht der Seele, das Leben in einer direkteren und bedeutungsvolleren Weise anzugehen.

Wir können uns erst entschließen, unseren Lebensstil zu vereinfachen, wenn wir herausgefunden haben, wo unsere Prioritäten liegen – und zwar nicht nur unsere materiellen, sondern auch unsere spirituellen Ziele. Die Antwort fällt für jeden von uns anders aus. Wir brauchen alle unterschiedliche materielle und spirituelle Hilfe auf dem Weg zu unserem Ziel. Haben Sie jedoch das Gefühl, Sie werden dazu gezwungen, schneller zu laufen, als Ihre Beine Sie tragen können, ist es vielleicht einmal an der Zeit, sich an den Tisch zu setzen und die persönlichen Prioritäten neu zu ordnen.

Haben Sie sich in den letzten Wochen die Zeit genommen, über folgende Fragen ernsthaft nachzudenken: *"Welche sind meine spezifischen Ziele für meine Karriere, meine sozialen Beziehungen, meine*

Gesundheit, mein Zuhause, mein Familienleben, mein spirituelles Leben?"

Was die spirituellen Ziele betrifft, sollten Sie sich nicht nur fragen, *was Sie tun wollen,* sondern auch, *was Sie sein wollen.* Wie viel Zeit möchten Sie beispielsweise für Meditationen, Selbstreflexion, Tagebuchschreiben und freiwillige Dienste in Ihrer Gemeinde verbringen?

Überlegen Sie auch eingehend, was Sie werden möchten, und was Sie dazu brauchen werden, um dies zu erreichen. Möchten Sie geduldiger werden? Intuitiver? Mehr Mitgefühl entwickeln? Welche sind die Stolpersteine auf dem Weg zu Ihrem spirituellen Wachstum? Was müssen Sie tun, um die Wut, den Stolz oder die Angst aufzulösen, die Ihnen ständig den Weg blockieren?

Eine gute Möglichkeit, um damit zu beginnen, Ihr Leben zu vereinfachen und sich auf Ihre Ziele zu konzentrieren, besteht darin, *die Ziele aufzuschreiben, die Sie in den verschiedenen Bereichen Ihres Lebens erreichen möchten. Ordnen Sie dann im nächsten Schritt all Ihre Ziele auf der Liste vom bedeutendsten zum unerheblichsten Ziel nach Priorität. Fragen Sie sich als Nächstes, wie viel Zeit Sie für Ihre drei höchsten Ziele verwenden.*

Wer seine höchsten Ziele mit dem vergleicht, womit er im Augenblick den größten Teil seiner Zeit verbringt, ist oft überrascht, wenn er feststellt, dass er wenig oder gar keine Zeit mit dem verbringt, was ihm am wertvollsten ist. Steht die Zeit, die Sie für Ihr höchstes Ziel aufwenden, nicht in Relation zu dessen Priorität in Ihrem Leben, so wissen Sie, dass sich etwas ändern muss. Doch hören Sie an diesem Punkt nicht auf. Der nächste Schritt ist einer der wichtigsten. Fragen Sie sich selbst: "Welche Dinge tue ich derzeit, die nicht zu meinen obersten Zielen beitragen? Womit verbringe ich Zeit, obwohl es mich nicht weiterbringt?"

> *»Um das Herz zu nähren, gibt es nichts Besseres, als die Bedürfnisse zu reduzieren.«*
>
> - MENCIUS

Um ein einfaches Beispiel anzuführen: Wenn Sie zehn Stunden pro Woche mit Fernsehschauen und zwei Stunden im Kino verbringen, Ihre Seele jedoch nicht nähren, indem Sie das Gedicht nicht schreiben, das Sie sich selbst versprochen haben, sollten Sie womöglich Ihre Abende oder Wochenenden neu planen. Wenn Sie die drei Stunden, die Sie wöchentlich zum Hausputz aufwenden, lieber mit Lesen, einem Yogakurs oder der Leitung einer Jugendgruppe in Ihrer Gemeinde zubringen möchten, könnten Sie beispielsweise überlegen, ob Sie nicht jemanden engagieren sollten, der Ihnen bei Ihren häuslichen Pflichten unter die Arme greift.

Diese Übung klingt kinderleicht, doch sie wirkt tiefgreifend. Manchmal drehen wir uns einfach nur noch im Kreise, weil wir nicht innehalten, um unsere wahren Prioritäten herauszufinden und uns dann auf diese zu konzentrieren. Oder wir konzentrieren uns nur auf materielle Ziele, obgleich unsere spirituellen Ziele in Wirklichkeit ebensoviel, wenn nicht noch mehr Aufmerksamkeit erfordern.

Es ist eine gute Idee, diese Übung regelmäßig zu wiederholen und Ihre Liste der Ziele zu überarbeiten, denn es kann durchaus sein, dass sich Ihre Prioritäten verschieben, während sich Ihre persönliche Richtung und Ihre Wertvorstellungen deutlicher herauskristallisieren.

Spirituelle Übungen

- **Setzen Sie Prioritäten**
  Nehmen Sie sich etwas Zeit, um Schritt für Schritt Ihre Prioritäten bei spirituellen und materiellen Zielen durchzugehen, wie es auf den Seiten 30-31 in Kursivschrift beschrieben ist.

- **Seien Sie ehrlich zu sich selbst**
  Entscheiden Sie sich jeden Tag bewusst neu, Ihre Zeit und Energie so gut wie möglich zu nutzen. Versuchen Sie, sich jeden Sonntagabend, bevor für Sie eine neue Woche beginnt, die Zeit zu nehmen, um die eine folgende Frage zu beantworten:

  "Welche sind die wichtigsten Dinge, die ich diese Woche unternehmen könnte, um mich dem Ziel näher zu bringen, meine drei höchsten Prioritäten im Leben zu erfüllen?"

  Selbst wenn Sie jede Menge anderer Verpflichtungen während dieser Woche erfüllen müssen, sollten Sie jeden Tag Zeit einplanen, um ehrlich zu sich selbst zu sein.

3 Lauschen Sie auf die Stimme der Weisheit in Ihrem Inneren

> »Können Sie zur Ruhe kommen und Ihren
> Blick nach innen richten? Falls ja, werden Sie
> erkennen, dass die Wahrheit stets zugäng-
> lich ist, dass sie stets Antworten gibt.«
>
> – Lao Tse

Die ruhige, sanfte Stimme in unserem Inneren spricht, aber wir hören nicht immer
hin. Zur Kunst der Spiritualität in der Praxis gehört
es auch, mit einem Ohr auf unsere Verpflichtungen
auf Erden ausgerichtet zu sein und mit dem anderen
in Resonanz mit der inneren Stimme der Weisheit
zu stehen, die – manchmal verzweifelt – versucht,
unsere Aufmerksamkeit zu gewinnen.

Diese innere Stimme kann uns als Anweisung von
unserem Höheren Selbst oder als Signal unserer Seele
erreichen. Es kann der sanfte Stubs eines Engels oder

die Botschaft eines Meisters sein. Umgeben wir uns jedoch beständig mit Lärm – sei es Musik, Fernsehen oder Telefongespräche – kann es sein, dass wir die wertvollen Stimmen des Geistes, die auf unsere Seele achten, förmlich ertränken.

Bruder Lorenz, ein Mönch aus dem 17. Jahrhundert, machte die Kunst des Zuhörens zum Herzstück seines spirituellen Pfades. Er nannte es 'die Gegenwart Gottes praktizieren'. Bruder Lorenz sagte, er liebe es, sich Gott gegenüber stets "in schlichter Aufmerksamkeit und mit einem liebenden Blick" zu üben, selbst inmitten des Lärms und Geklappers der Küche, in der er arbeitete. Er beschrieb dies als "gewohnten, stillen und geheimen Dialog der Seele mit Gott". Mit anderen Worten: Gott ist überall bei uns, nicht nur, wenn wir meditieren oder in der Natur spazieren gehen oder uns am Wochenende innerlich zurückziehen. Wir brauchen uns nur darauf einzustimmen.

Radiosender senden auch ununterbrochen ihr Programm. Doch wenn wir das Radio nicht einschalten und nicht die richtige Frequenz suchen, hören wir die Sendung nicht. Nun, Gott ist gewissermaßen vergleichbar mit einem Radiosender. Gott ist überall, wo wir sind, bereit und willig, uns zu helfen. Wir brauchen uns nur auf die richtige spirituelle Frequenz einzustimmen.

Rabbi Adin Steinsaltz sagt, dass laut der hasidischen Überlieferung "die Stimme, die das Gesetz verkündet, die Zehn Gebote, nie still war... Es ist eine sehr klare Botschaft, die fortwährend übermittelt wird. Was sich verändert hat, ist, dass wir nicht mehr hinhören." [4] "Manche von uns", so räumt er ein, sind einfach nicht gewillt zu hören, was Gott zu sagen hat. Ist es aus dem Grund, weil wir Angst haben, er könne uns bitten, etwas zu tun, was wir nicht wollen?"

Wir können von den Mystikern der spirituellen Traditionen dieser Welt viel über die Kunst des Zuhörens lernen. Der große tibetische Yogi Milarepa wird typischerweise dargestellt, wie er die rechte Hand muschelförmig ans Ohr hält. Wissenschaftler vermuten, dass er den Echos der Natur lauscht oder dass er ein 'Shravaka' ist. Dieses Wort bedeutet wörtlich übersetzt "zuhören". Doch es wird benutzt, um einen Schüler Buddhas zu bezeichnen, der es gelernt hat, auf die innere Stimme und die Stimme seiner spirituellen Mentoren zu hören.

Im dritten Jahrhundert lehrte der anerkannte christliche Theologe und Mystiker Origen von Alexandria:

"Glaubt nicht, dass Gott von außen zu uns spricht. Denn durch die heiligen Gedanken, die in unserem Herzen entstehen, spricht Gott zu uns."

Mutter Teresa von Kalkutta erzählte, dass sie zu Beginn ihrer Mission einen unmissverständlichen Ruf Gottes erhalten hat. Es geschah, als sie im Zug auf dem Weg nach Darjeeling/Indien in ein stilles, inniges Gebet versunken war. "Die Botschaft war ganz klar: Ich sollte den Konvent verlassen und den Armen helfen, indem ich unter ihnen lebte", sagte sie. "Es war ein Auftrag."

Swami Prabhavananda sagte, dass sein spiritueller Lehrer ihm einmal erklärt hatte, dass er niemals irgendetwas unternehmen würde, bevor es ihm nicht von Gott so aufgetragen würde. "Meine Anhänger bestehen immer darauf, dass ich ein festes Datum für meine Abreise angeben soll", sagte er. "Um das ständige Bedrängen zu vermeiden, gebe ich das geplante Datum an. Doch ich bewege mich weder noch unternehme ich irgendetwas, bevor ich nicht den Willen des Herrn kenne ... Für alles, was ich tue, habe ich die direkte Anweisung von Gott." [5]

Die Mystikerin des 16. Jahrhunderts, Theresa von Avila, sagte, dass ihr Leben von den Anweisungen, Enthüllungen und Tadeln, die sie von Gott erhielt, gelenkt wurde. Wenn Gott will, dass die Seele etwas erfährt, so sagt sie, so vermittelt er dies oft "ohne Bilder oder explizite Worte". Thérèse von Lisieux sagte das Gleiche und räumte ein, dass Jesus, obgleich sie ihn niemals hatte zu sich sprechen hören, "jeden Moment in mir ist. Er führt und inspiriert mich mit dem, was ich sagen und tun muss." Sehr häufig, so sagte sie, stellten sich diese Momente der Erleuchtung nicht dann ein, wenn sie im Gebet war, sondern "inmitten meiner alltäglichen Beschäftigungen."

Auch sie praktizierte, was Bruder Lorenz als den gewohnten, stillen und geheimen Dialog mit Gott bezeichnete. Das Wort 'Dialog' ist hier das Schlüsselwort. Wenn wir einen Dialog führen, so reden wir nicht nur – wir hören auch zu. "Die Kunst des Dialoges besteht aus dem Erüben zweier feiner Qualitäten", schrieb Benjamin Disraeli einst. "Sie müssen es sich zugleich zur

> *»Ohne überhaupt dein Fenster zu öffnen, kannst du bereits die Wege des Himmels erkennen. Siehst du: Je weiter du dich entfernst, desto weniger weißt du.«*
>
> – LAO TSE

Gewohnheit gemacht haben, zu sprechen als auch zuzuhören. Die Vereinigung beider Gewohnheiten ist relativ selten, jedoch unübertrefflich."

Diese beiden Gewohnheiten sind auch auf unsere Dialoge mit Gott übertragbar – und wer am besten auf jene innere Stimme der Weisheit eingestimmt ist, hat in der Tat etwas Seltenes, jedoch Unwiderstehliches erreicht. Wir nennen diese Menschen 'Mystiker' oder 'Genies' und ordnen diese einer eigenen Entwicklungsstufe zu. Was diese erreicht haben, sollen wir eines Tages ebenfalls erreichen.

Wie andere Mystiker, so glaubte auch Theresa nicht, dass es nur einigen Auserwählten vorbehalten war, Mitteilungen von Gott zu empfangen. Sie sagte, die persönliche und direkte Begegnung mit Gott könne stattfinden, während wir mit unseren Alltagspflichten beschäftigt sind. "Der Herr", so erklärte sie einmal den Schwestern ihres Konvents, "wandelt zwischen den Töpfen und Pfannen und hilft euch sowohl im Inneren als auch im Außen."

In ihrer amüsanten Art berichtet Theresa davon, wie Jesus sie in Bezug auf eine bestimmte Angelegenheit erleuchtete. "Bald danach vergaß ich es wieder", schreibt sie. "Und während ich versuchte, mich wieder daran zu erinnern, hörte ich Folgendes: 'Du weißt bereits, dass ich manchmal zu dir spreche. Versäume nicht, das niederzuschreiben, was ich sage. Denn selbst wenn es scheint, als könntest du keinen Nutzen daraus ziehen, so kann es doch anderen nützen.'" [6] Dies zeigt uns, dass wir die Verantwortung haben, aufmerksam auf die innere Führung, die wir im Herzen erhalten, zu achten, weil diese nicht nur uns selbst, sondern auch andere retten kann.

Theresas innere Eingebungen warnten sie vor bevorstehenden Ereignissen und trieben sie oft dazu, etwas entgegen ihres Verstandes zu tun oder bereits geschmiedete Pläne wieder zu verwerfen. Doch sie bereute es niemals, den Anweisungen gefolgt zu sein, die sie erhalten hatte. Sie schrieb, dass es manchmal vorkommt, dass "der Herr mich vor einer Gefahr warnt, die mir droht, oder auch vor einer anderen Person, und in Bezug auf zukünftige Ereignisse - oft drei oder vier Jahre im Voraus -, die sich alle ausnahmslos erfüllt haben." [7]

Ich selbst habe viele Erfahrungen gemacht, bei welchen die Stimme der Weisheit, die in meinem Inneren spricht, mir innere Führung geschenkt hat - Anweisungen, für die ich stets dankbar war. Diese Anweisungen können äußerst präzise sein. Einmal fuhr ich im Auto durch die Landschaft von Virginia. Es war ein herrlicher Tag, und die Fenster waren heruntergekurbelt. Plötzlich bekam ich die Eingebung, mein Fenster zu schließen. Gerade als ich es hochkurbelte, klatschte eine Tomate dagegen. Einige Kinder hatten sich hinter Büschen versteckt und warfen auf die vorüberfahrenden Autos verfaulte Tomaten.

Eine Freundin erzählte mir, dass sie eines Tages, als sie gerade zu Bett ging, das Gefühl hatte, sie solle sich umdrehen und mit dem Kopf am Fußende des Bettes liegen. Sie wusste nicht, weshalb sie dies tun sollte, doch sie beschloss, der inneren Stimme zu gehorchen. Kaum hatte sie sich anders hingelegt, da fiel die Hängepflanze ihrer Zimmergenossin vom Haken und landete gerade dort, wo normalerweise ihr Kopf gewesen wäre.

Ich werde niemals den Medienbericht über den Stadtbus von Seattle vergessen, der vollbesetzt mit Urlaubern war, die vom Einkaufen kamen. Er durchbrach ein Brückengeländer und stürzte ca. 15 m tief, als dem Fahrer in den Arm geschossen wurde. Der Bus stürzte auf das Dach eines Appartementkomplexes.

Eine Frau, die dort wohnte, stand damals gerade vor ihrem Appartement. Sie hörte einen dumpfen Schlag und sah dann überall Betonbrocken herumfliegen. "Ich dachte einfach – 'jetzt sterbe ich gleich, jetzt sterbe ich gleich'", sagte sie. Da spürte sie die innere Stimme. "Ich wurde ganz starr, und etwas wie ein Schutzengel oder so schob mich weiter." Da sie gerade noch rechtzeitig aus der Gefahrenzone herauskam, zog sie sich nur einige Kratzer von einem herabstürzenden Betonstück zu.

Gott schickt uns seine Botschaften und Warnungen auf die unterschiedlichste Weise – Botschaften über die großen und kleinen Dinge im Leben. Die innere Stimme der Weisheit kann jederzeit auftauchen, solange wir ein offenes Ohr für sie haben.

»Gott spricht zu uns in der Stille des Herzens.«
– MUTTER TERESA

Die meiste Zeit unseres Tages verbringen wir also in einem aktiven Modus – wir wenden Energie auf, um Dinge zu erledigen – und wir nehmen uns meist keinen Moment Zeit, um bewusst in einen Empfangsmodus überzugehen. Manchmal erfordert dies, dass wir den Lärm der Welt ausblenden und uns von den Menschen, Plätzen und Situationen zurückziehen, die unserer ständigen Kommunikation mit dieser inneren Stimme nicht zuträglich sind. "Gott sagte, es ist für den Menschen nicht gut, wenn er allein ist", witzelte John Barrymore einmal, "aber manchmal ist das eine große Erleichterung!" In ernsthafterem Ton formulierte Mutter Teresa ihre Überzeugung, dass wir, wenn wir mit Gott in der Stille allein sind "die innere Kraft sammeln, die wir beim Handeln austeilen."

Es ist wichtig, sich jeden Tag einige Momente Zeit zu nehmen und in sich zu gehen, um diese innere Kraft zu speichern - um auf die Anweisungen, die Führung und den Trost zu hören, den wir nicht immer bei Partnern im Freundes- oder Familienkreis finden. Es scheint nicht sehr schwer zu sein - einfach einen Moment innezuhalten, um mit Gott oder unserem Höheren Selbst zu kommunizieren und dann abzuwarten, was zu uns zurückströmt. Wie bei allen anderen Dingen auch, ist es eine Frage der Gewohnheit, so dass es zu unserer zweiten Natur wird.

Spirituelle Übungen

- **Gehen Sie in Ihre Geheimkammer und bitten Sie um göttliche Anweisungen**

  Halten Sie während des Tages in einem geeigneten Moment inne und stellen Sie Gott, Ihrem Höheren Selbst, Ihrem Schutzengel eine Frage: *"Welche Richtung soll ich in dieser Situation einschlagen? Wie kann ich einem geliebten Menschen helfen, der mich gerade verletzt? Wie kann ich dieses Problem endlich überwinden, das mir schon ewig nachhängt?"*

  Schließen Sie die Augen und stellen Sie sich vor, wie Sie in die Geheimkammer Ihres Herzens eintreten, wo Sie Ihrem Höheren Selbst von Angesicht zu Angesicht begegnen. Begeben Sie sich bewusst in den Empfangsmodus und bestätigen Sie sich, dass Sie offen dafür sind, die Antworten auf Ihr Herzensgebet zu erhalten.

  Ich bin offen, die innere Weisheit, die ich sammeln möchte, zu hören, zu spüren, zu fühlen, intuitiv aufzunehmen.

Zeige mir, oh Gott, wie ich mir ein lauschendes Ohr und ein offenes Herz bewahre und wie ich die Weisheit, die du mir schenkst, einsetzen kann, um anderen zu helfen.

Lauschen Sie dann auf die Antwort, die sich sofort oder später einstellen kann. Seien Sie bereit, die Botschaft und den Botschafter zu empfangen – durch eine innere Eingebung, einen unerwarteten Telefonanruf, den Gang der Ereignisse.

- **Sehen Sie Extrazeit für sich in Ihrem Wochenplan vor**
  (Blockieren Sie diese, falls nötig, auf Ihrem Tageskalender) – Zeit, die Sie freihalten, für ein längeres Gespräch und Gemeinschaft mit dem Göttlichen. Sie können diese Zeit nutzen, um zu meditieren, zu beten oder etwas Inspirierendes zu lesen.

- **Genießen Sie die Zwischenpausen der Stille**
  Meiden Sie die Versuchung, jeden freien Augenblick mit Radio, Fernsehen oder einfach Musik zu füllen. Genießen Sie es, wenn Sie

von Stille umgeben sind. Dies sind die goldenen Momente der Einkehr nach innen.

- **Lassen Sie sich inspirieren**
  Nehmen Sie Ihren liebsten geistlichen Text oder ein inspirierendes Buch zur Hand. Sprechen Sie ein Gebet zu Gott, auf dass er Ihnen die Antwort auf eine Frage geben und Sie zu der Seite führen möge, die Ihnen genau das, was für Sie gerade wichtig ist, bieten wird. Öffnen Sie das Buch und lassen Sie Ihre Augen auf einen bestimmten Abschnitt fallen.

- **Führen Sie Buch**
  ... über die inneren Eingebungen, Anweisungen oder Botschaften, die Sie empfangen, während Sie nach innen auf die Stimme der Weisheit lauschen. Schreiben Sie nieder, wie diese Führung Ihnen geholfen hat. Müssen Sie später dann gerade durch eine harte Zeit hindurch, können Sie es erneut durchlesen, um sich selbst daran zu erinnern, nicht den Glauben an die innere Stimme zu verlieren.

- **Teilen Sie mit anderen**
  Wie Theresa von Avila können auch wir innere Enthüllungen erfahren, die für andere von Nutzen sein können. Machen Sie sich auf und teilen Sie diese Erfahrungen mit jemandem, der Ihre Hilfe braucht.

4 Erzeugen Sie jeden Morgen einen heiligen Raum und stellen Sie eine spirituelle Verbindung her

»In Ihrem heiligen Raum können Sie sich immer wieder selbst finden.«

- Joseph Campbell

W ir haben Zugang zu gewaltigen spirituellen Reserven, die uns tagtäglich auf praktische Weise durchs Leben führen können. Doch wir müssen uns die Zeit nehmen, uns an diese Urquellen der Weisheit anzuschließen.

Viele Menschen stellen fest, dass es ihnen hilft, diese Verbindung herzustellen, wenn sie einen heiligen Raum erzeugen. Sie können dies ganz leicht tun, indem Sie zu Hause Ihren persönlichen Altar errichten, und wenn es in einer Ecke im Schlafzimmer ist.

Sie können diesen Altar mit allem schmücken, was Sie inspiriert und Ihnen hilft, diese Verbindung zu Gott und Ihrem Höheren Selbst herzustellen. Sie können Kerzen, Blumen oder Pflanzen auf den Altar stellen. Sie können Bilder oder Heiligenfiguren oder Darstellungen von Aufgestiegenen Meistern sowie Fotos derjenigen, zu denen Sie regelmäßig beten, hinzufügen. Schöne Kristalle und eine Schale oder ein Pokal aus Kristall können als Kelch dienen, um Gottes Licht in Ihr Haus zu ziehen. Über oder auf Ihrem Altar können Sie die Abbildung Ihres Höheren Selbst [8] anbringen, damit Sie sich leichter auf die Gegenwart Gottes in Ihnen einstimmen können.

Ihr Altar ist der Ort, den Sie aufsuchen, um sich zu verändern (engl.: 'alter') oder zu verwandeln. Wenn ich mir morgens gleich als Erstes die Zeit nehme, mich durch ein Gebet, das von Herzen kommt, mit Gott zu verbinden, habe ich das Gefühl, dass mein Tag wie verwandelt ist. Er verläuft viel reibungsloser. Ich verliere mich nicht in unnötigen Ablenkungen und unvorhergesehenen Ereignissen, die mich von meinen ursprünglichen Zielen mit aller Macht wegzerren.

Ein Gebet ist in der Tat ein Dialog. Wir wenden uns nicht nur an Gott. Gott wendet sich auch an uns, indem er uns führt, tröstet, in die richtige Richtung lenkt und hilft. Die Herstellung einer spirituellen Verbindung über ein Gebet bezeichnete Theresa von Avila als "intimen Austausch zwischen Freunden." Freunde können sich gegenseitig ihr Herz ganz ausschütten, ohne Vorbehalt, und ihre Freuden und ihr Leid teilen. Wir können das im Gebet mit Gott ebenfalls. Theresa warnte uns außerdem davor, dass "ebenso, wie Familienbande und Freundschaften durch mangelnde Kommunikation zerstört werden", wir auch unsere Beziehung zu Gott verlieren können, wenn wir nicht beten.[9]

Ihr morgendliches Gespräch mit Gott muss nicht lange dauern. Sie können sich vor Ihren Altar setzen oder stellen, die Augen schließen, einige tiefe Atemzüge nehmen und in den heiligen Raum in Ihrem Herzen eintreten – die Geheimkammer, wo Ihr göttlicher Funke weilt. Theresa von Avila bezeichnete diesen besonderen Ort als "inneres Schloss". In der hinduistischen Tradition visualisiert der Andächtige eine mit Edelsteinen besetzte Insel im Herzen. Dort, an seinem persönlichen inneren Altar, erweist er seinem Lehrer die Ehre.

Jesus sprach ebenfalls von dieser Geheimkammer, als er sagte, wir sollten uns in unseren "Schrank" zurückziehen, um zu beten. Als kleines Kind wunderte ich mich immer darüber, in welche Art von Besenkammer diese Schüler wohl gingen. Hatten die Menschen damals überhaupt so etwas wie einen Besenschrank? In einem Schrank kann man doch gar nicht beten – dort ist ja nicht genügend Luft zum Atmen! Später erkannte ich, dass der Gang in den Besenschrank nur eine Metapher dafür war, in einen anderen Bereich unseres Bewusstseins zu gehen. Es bedeutet, in jenes innere Heiligtum des Herzens einzutreten und die Tür zur Außenwelt zu verschließen.

> »Wenn Menschen an einer Zeremonie teilnehmen, betreten sie einen heiligen Raum ...
> Alles wird neu, alles wird heilig.«
>
> – Sun Bear

Dieses Heiligtum des Herzens ist der geheime Garten, in den Sie sich zurückziehen, um sich dort mit Gott und Ihrem persönlichen inneren Lehrer, dem Höheren Selbst, auszutauschen. Stellen Sie es sich wie Ihren privaten Meditationsraum vor. Hier können Sie Gott erzählen, wie sehr Sie ihn lieben. Sie können Gott Ihren intensiven Dank für die Segnungen schicken, die Sie erhalten haben. Laden Sie dann die

Engel und Aufgestiegenen Meister in Ihr Leben ein, damit diese Ihnen helfen, Ihre spirituellen und materiellen Ziele für diesen Tag zu erreichen.

Zwei Schlüsselprinzipien, die Sie im Kopf behalten sollten, sind erstens, dass gesprochene Gebete effektiver sind als stille Gebete*, und dass wir zweitens die Kraft unseres Gebets noch verstärken können, wenn wir dabei unsere Ziele explizit benennen und das Gewünschte visualisieren.

Benennen Sie in Ihren Gebeten die genauen Umstände, um die sich die Engel in Ihrem persönlichen Leben, in Ihrer Gemeinde und in der Welt kümmern sollen, wie etwa Verbrechen, Bestechung, Armut, Kindesmissbrauch, Wirtschaftsprobleme, Umweltverschmutzung. Je spezifischer Ihre Gebete sind, desto spezifischer werden auch die Ergebnisse sein. Sie können beispielsweise Gebete sprechen wie diese:

Oh Gott, verbinde dich jetzt, da ich diesen Tag beginne, mit mir, um meine höchste Berufung zu erfüllen. Schütze meine Seele. Schütze meine Zeit. Schütze meine Harmonie. Sorge

---

* Siehe S. 65ff.

dafür, dass ich meinen Dienst am Leben unge-
stört aufnehmen kann. Ich bitte dich und
deine Engel um göttliche Fürsprache, und ich
akzeptiere es als getan zu dieser Stunde mit
voller Kraft.

Engel des Lichts, beseitigt alle Hindernisse,
die den Dienst blockieren, den ich heute für
Gott leisten werde. Übernehmt die Führung
über das Treffen, das ich mit [die Teilnehmer
nennen] in [Ort und Zeit] haben werde, und
führt es zum bestmöglichen Ergebnis!

Geliebter Innerer Christus, geliebter Innerer
Buddha, lehrt mich, wie ich heute liebevoller
und von mehr Mitgefühl erfüllt sein kann,
und helft mir, dass ich nicht wütend oder frus-
triert werde. Lenkt mich zur richtigen Zeit an
den richtigen Ort, damit ich den Arbeitsplatz
finde, den ich brauche!

Geliebte Engel, geht hinaus und schützt heute und jeden Tag unablässig meine Kinder und
alle Kinder und Jugendlichen auf der ganzen
Welt. Schützt sie vor jeder Form von Gefahr

für ihren Körper, Verstand und ihre Seele. Erhöht ihre Eltern und Lehrer und bringt in ihr Leben die Vorbilder und die Führung, die diese brauchen, um ihren einzigartigen Lebensplan zu erfüllen.

Mögen all meine Gebete mit Gottes Willen in Einklang gebracht werden.

Immer, wenn Sie ein Gebet sprechen, wird es augenblicklich von Gott und seinen Engeln in Empfang genommen. Die Aufgabe der Engel besteht darin, Ihre Bitten zu erfüllen, solange diese mit Gottes Willen im Einklang stehen. Da wir unter Umständen nicht wissen können, was in einer bestimmten Situation das Beste ist, sollten wir stets Gott bitten, unsere Gebete gemäß dem anzugleichen, was für unsere Seele oder diejenigen, für die wir beten, am besten ist. Unsere Gebete werden *immer* beantwortet – jedoch nicht immer in der Weise, wie wir es erwarten. Manchmal müssen wir eine Lektion lernen, oder es gibt für das Problem eine andere Lösung, die wir einfach nicht sehen können.

Wenn Sie für sich selbst oder jemanden in Not beten, können Sie Ihr Gebet auch auf das Maximum erweitern, indem Sie all diejenigen mit einschließen, die in ähnlicher Not sind. Wenn Sie beispielsweise für einen Freund beten, der Aids hat, können Sie auch beten: "für alle, die an Aids oder einer anderen lebensbedrohlichen Krankheit leiden".

Welche Gebete Sie während Ihres Morgenrituals auch sprechen und welche Meditationen Sie machen mögen, es ist immer gut, mit dem Ruf nach spirituellem Schutz für Sie selbst und Ihre Lieben zu beginnen. Ich empfehle zwei einfache Gebete zum Schutz – "Die Säule des Lichts" und den "Schutz für Reisende".

Wenn Sie die Affirmation "Säule des Lichts" sprechen, wird als Antwort auf Ihren Ruf ein weißer Lichtzylinder vom Geist herabgesandt. Die Heiligen und Mystiker der Weltreligionen haben dieses weiße Licht in ihren Meditationen und Gebeten gesehen. Die Israeliten erlebten auf ihrer Reise durch die Wildnis die Lichtsäule tagsüber als ein "Wolkensäule" und nachts als "Feuersäule". Und Gott versprach durch den Propheten Zacharias: "Ich will eine feurige Mauer [um Jerusalem] sein, und will mich herrlich darin erzeigen."

Das weiße Licht kann Ihnen dabei helfen, in Ihrer Mitte und im Frieden zu bleiben. Es schützt Sie vor negativen Energien, die möglicherweise durch die Wut, die Verurteilung, den Hass oder den Neid einer anderen Person auf Sie gerichtet sein können. Wenn Sie ungeschützt sind, können diese aggressiven Energien dazu führen, dass Sie reizbar und depressiv werden. Sie können sogar dazu führen, dass Sie Unfälle erleiden.

Das weiße Licht kann Sie auch vor dem Sog des Massenbewusstseins schützen. Wenn wir uns nach einem Stadtbummel oder nach dem Einkauf in einem Einkaufszentrum erschöpft fühlen, dann oft deshalb, weil unsere körperlichen *und* spirituellen Reserven buchstäblich erschöpft sind. Am besten ist es, die Affirmation "Säule des Lichts" jeden Morgen zu sprechen, bevor die Hektik des Tages beginnt. Ziehen Sie sich, wenn Sie sich im Lauf des Tages energielos, erschöpft oder verletzlich fühlen, für einige Minuten zurück und wiederholen Sie dieses Gebet.

Um Ihr morgendliches Schutzritual zu verstärken, können Sie auch den "Schutz für Reisende" oder andere Gebete an Erzengel Michael sprechen. Er ist der Engel, der in mehreren Weltreligionen, u.a. im Judentum, Christentum und im Islam, am meisten verehrt wird. In einer der Schriftrollen vom

Toten Meer wird Michael als der "mächtige, dienende Engel" bezeichnet, durch den Gott den Söhnen des Lichts "fortwährende Hilfe schicken" will, wie er verspricht. In den frühchristlichen Gemeinden galt Erzengel Michael als himmlischer Heiler und Schützer. In der moslemischen Lehre wird er 'Mika'il' genannt und ist dort der Engel der Natur, der dem Menschen sowohl Nahrung als auch Wissen bringt.

Während Sie mit den Techniken experimentieren, die Sie auf den folgenden Seiten finden, bedenken Sie bitte, dass der Effekt Ihrer Gebete durch Visualisierungen verstärkt werden kann.

> »Das Gebet sollte der Schlüssel des Tages und der Schutz in der Nacht sein.«
>
> - Thomas Fuller

Das geschieht deshalb, weil Sie sich an alles, worauf Sie Ihre Aufmerksamkeit richten, "anschließen" und dies mit Energie aufladen. Das Bild, das wir uns vor unser geistiges Auge holen, ist wie eine Blaupause. Unsere Aufmerksamkeit ist der Magnet, der die schöpferischen Energien des Geistes anzieht, um das Bild auszufüllen. "Wir sind, was wir denken", lehrte Gautama Buddha, "und sind zu dem geworden, was wir dachten."

Wenn Sie daher beten, können Sie das exakte Ergebnis, für das Sie beten, so visualisieren, als würde es bereits im Hier und Jetzt stattfinden. Stellen Sie es sich so vor, als würde es auf einer Filmleinwand vor Ihnen ablaufen. Wenn Sie kein besonderes Ergebnis im Kopf haben, konzentrieren Sie sich auf die Worte dieses Gebets und sehen Sie vor sich, wie sich das, was diese Worte beschreiben, vor Ihnen abspielt.

Spirituelle Übungen

- **Errichten Sie einen persönlichen Altar**
  Suchen Sie sich zu Hause einen Ort, wo Sie Ihren persönlichen heiligen Raum und Altar errichten können, selbst wenn es eine Ecke in Ihrem Schlafzimmer oder Wohnzimmer ist (wie auf den Seiten 49-50 beschrieben).

- **Seien Sie spezifisch**
  Nehmen Sie sich die Zeit und schreiben Sie sich Ihre göttliche "Wunschliste" auf. Lassen Sie bei dem, was Sie glauben, das Gott tun kann, nichts aus und limitieren Sie es nicht. Erwarten Sie Wunder!

  Seien Sie anschließend, im Zuge Ihres Morgenrituals der spirituellen Anbindung und des Gebets, kreativ und spezifisch, wenn Sie Ihre Rufe nach göttlichem Eingreifen formulieren. Nennen Sie laut die spezifischen Aktivitäten und Ergebnisse, von welchen Sie wünschen, dass sie an jenem Tag eintreten, sowie die Umstände, die Sie verändert haben und die Situationen, für die Sie eine Lösung erhalten möchten.

Vergessen Sie nicht, diejenigen zu nennen, die
Gottes heilendes Licht brauchen, und die Ergebnisse zu visualisieren, von welchen Sie wünschen, dass sie in Erfüllung gehen.

• Beginnen Sie jeden Tag, indem Sie schützendes
Licht um sich selbst und um Ihre Lieben herum aufbauen, indem Sie die Affirmation "Säule
des Lichts" dreimal sprechen.

Visualisierung:

Sehen Sie sich geistig selbst, während Sie diese
Affirmation rezitieren, wie in der Darstellung
Ihres Göttlichen Selbst abgebildet (Seite 95).
Ihr Höheres Selbst befindet sich über Ihnen.
Über Ihrem Höheren Selbst ist Ihre ICH BIN-
Gegenwart, die Gegenwart Gottes, die bei
Ihnen ist.

Sehen und spüren Sie geistig wie ein Wasser-
fall gleißend weißen Lichts, das heller ist als
die Sonne, die auf frischgefallenen Schnee
scheint, von Ihrer ICH BIN-Gegenwart auf
Sie herabstürzt, um Sie völlig einzuhüllen. Sehen Sie, wie das Licht verschmilzt und eine
undurchdringliche Lichtmauer bildet.

In dieser funkelnden Aura aus weißem Licht sehen Sie sich selbst umhüllt von der violetten Flamme des Heiligen Geistes, einer kraftvollen hochfrequenten spirituellen Energie, die Negativität (Ihre eigene oder die anderer Menschen) in positive, liebevolle Energie verwandelt.

Verstärken Sie diesen spirituellen Schutz während des Tages von Zeit zu Zeit, indem Sie das Gebet wiederholen und visualisieren, wie Sie von dieser Lichtsäule eingehüllt werden.

Säule des Lichts

Oh, geliebte strahlende
ICH BIN Gegenwart,
umhülle mich mit deiner Säule aus Licht
von der Aufgestiegenen Meister Flammen,
angerufen in Gottes Namen.
Möge es meinen Tempel befreien
von allem, das versucht, uns zu entzweien.

Ich rufe hervor die violette Flamme,
alle Sehnsüchte zu erhellen und
zu verwandeln.
Sie möge brennen in Freiheits Namen,
bis ICH BIN eins mit der violetten
Flamme.

* **Stärken Sie sich selbst, indem Sie Erzengel Michael anrufen.**
  Er möge Ihnen spirituelle Kraft und Schutz verleihen. Sprechen Sie das folgende Gebet "Schutz auf Reisen" dreimal, oder sooft Sie möchten. Falls Sie nicht die Zeit haben, dieses Gebet morgens zu sprechen (sei es an Ihrem Altar oder während Sie sich für den Tag zurechtmachen), so können Sie es laut rezitieren, während Sie zur Arbeit fahren[10], es leise sprechen, während Sie zu Ihrem Ziel laufen oder es still denken, während Sie mit dem Bus oder der U-Bahn fahren.

Visualisierung:
Visualisieren Sie Erzengel Michael als majestätischen Engel, der mit einer strahlenden Rüstung bekleidet ist und einen leuchtend

saphirblauen Umhang trägt (die Farbe des Schutzes). Sehen Sie vor sich, wie er Sie, Ihre Familie, Ihre Freunde und all diejenigen, für die Sie beten, mit seiner herrlichen Gegenwart umhüllt.

Sankt Michael vor mir!
Sankt Michael hinter mir!
Sankt Michael zu meiner Rechten!
Sankt Michael zu meiner Linken!
Sankt Michael über mir!
Sankt Michael unter mir!
Sankt Michael, Sankt Michael
Wo auch immer ich geh'!

ICH BIN im Schutz seiner Liebe hier!
ICH BIN im Schutz seiner Liebe hier!
ICH BIN im Schutz seiner Liebe hier!

• 'Sankt' wird in diesem Gebet als Anruf der Verehrung benutzt, als Hinweis darauf, dass Erzengel Michael die Kraft und die Gegenwart Gottes in sich trägt.

Die kreative Kraft des Klanges

Wissenschaftliche Vorstöße und Studien deuten auf etwas hin, was Heiler und Weise bereits vor Tausenden von Jahren wussten: Klänge sind ein Schlüssel zu körperlicher, emotionaler und spiritueller Vitalität. Ultraschall (hochfrequente Schallwellen) wird heute für alles verwendet - angefangen bei der Wundreinigung über die Diagnose von Tumoren bis hin zur Zertrümmerung von Nierensteinen. Eines Tages wird man damit vielleicht sogar Medikamente in den Körper injizieren und Nadeln somit überflüssig machen.

Alternative Heilpraktiker experimentieren mit der Anwendung spezifischer Töne zur Heilung von Organen. Bestimmte Arten von klassischer Musik von Komponisten wie Bach, Mozart und Beethoven, können erwiesenermaßen Lernprozesse beschleunigen, einen zeitweiligen Anstieg des IQs bewirken und unsere Gedächtniskapazität erhöhen.

Die kreative Kraft des Klanges ist auch das Herzstück der spirituellen Traditionen dieser Welt, in Ost und West, sei es als das jüdische Shema und Amidah, das christliche Vaterunser, das moslemische Shada-hah, das hinduistische Gayatri oder das buddhisti-sche Om Mani Padme Hum.

Die hinduistischen Schriften enthalten beeindruckende Berichte über Yogis, die Mantren zum Schutz und zur Weisheit, zur Konzentrationssteigerung und Verstärkung von Meditationen einsetzten, sowie, um ihnen zu helfen, die Erleuchtung und Einheit mit Gott zu erlangen. In der jüdischen mystischen Überlieferung lehren Kabbalisten, dass wir, wenn wir die Namen Gottes anrufen und auf diese meditieren, eine unerschöpfliche Kraftquelle anzapfen können, um den Frieden und die Harmonie in der Welt wieder herzustellen. Die katholische Überlieferung berichtet, dass die heilige Klara von Assisi ihren Konvent bei einem Angriff der Sarazener rettete, indem sie die Eucharistie hochhob und laut betete.

Die bedeutendsten Revolutionäre – die Revolutionäre des Geistes – betrachteten das Gebet, speziell das gesprochene Gebet, als eines der Hauptinstrumente, um Veränderungen herbeizuführen. Wie oft haben wir schon den Fernseher eingeschaltet und entrüstet die hilflosen Kinder gesehen, die der jüngsten ethnischen Säuberungsaktion zum Opfer gefallen sind? Oder die Opfer eines Erdbebens oder Tornados, die sich durch Schuttberge graben, die früher einmal ihr Zuhause waren? Wie oft haben wir uns gefragt, wie wir nur helfen könnten? Die kreative Kraft des Klanges bietet uns eine Möglichkeit, eben dies zu tun.

Die Gebete und Affirmationen, die in diesem Buch enthalten sind, sind dazu gedacht, als dynamische Gebetsform, die unter dem Begriff 'Dekrete' bekannt ist, laut gesprochen zu werden. Dekrete sind, wie andere Gebete auch, gesprochene Bitten an Gott. Wenn wir meditieren, halten wir Zwiesprache mit Gott. Wenn wir beten, kommunizieren wir mit Gott und bitten ihn um Hilfe. Wenn wir Dekrete sprechen, tauschen wir uns mit Gott aus, kommunizieren mit ihm und lenken sein Licht in unsere Welt, um die Umstände zu verändern, die wir um uns herum sehen. Wir befehligen in der Tat den Energiestrom vom Geist zur Materie.

Dazu forderte Gott uns auf, als er durch den Propheten Jesaja sagte: "Fraget mich um das Zukünftige; weiset meine Kinder und das Werk meiner Hände zu mir!" und zu Hiob sprach: "So sollst du ihn bitten, und er wird dich hören, und wird deine

Gelübde bezahlen. Was du dir wirst vornehmen, wird er dir lassen gelingen." [11] Wenn Sie die kreative Kraft des Klanges bei gesprochenen Gebeten oder Dekreten einsetzen, 'bitten' Sie nicht einfach um Hilfe. Vielmehr treten Sie mit Gott in eine Partnerschaft und eine interaktive Beziehung ein.

Das Gebet, Meditation und Dekrete sind allesamt Wege, um sich an das Göttliche anzuschließen, und es gibt für jede Art der Hingabe einen bestimmten Zeitpunkt und einen bestimmten Ort. Dekrete sind eine Kombination aus Gebet, Meditation, Affirmation und Visualisierung. Anhänger vieler spiritueller Traditionen haben festgestellt, dass diese beschleunigte Gebetsform ihre persönliche spirituelle Praxis enorm unterstützt.

> »Richtig verstanden und angewandt, ist [das Gebet] das stärkste Aktionsmittel.«
> – MOHANDAS GANDHI

Dekrete leben, ebenso wie Gebete oder Mantren, von der Wiederholung, wie auch die Katholiken das 'Ave Maria' und die Buddhisten ihre heiligen Chants wiederholen. Die Menschen fragen sich oft, weshalb wir Gott um irgendetwas mehr als einmal bitten sollten. Indem wir ein Gebet oder Dekret wiederholen, stellen wir nicht einfach immer und immer wieder die gleiche Bitte. Es handelt sich um eine energetische Gleichung. Jedes Mal, wenn Sie es wiederholen, bauen Sie ein Momentum auf. Sie bitten mehr und mehr spirituelles Licht in die Situation hinein, um mehr Unterstützung zur Erfüllung dieses Bedürfnisses zu erwirken.

Sowohl Mystiker als auch Wissenschaftler haben die Vorteile wiederholt gesprochener Gebete aufgezeigt. Im Lauf der Jahrhunderte berichteten Mystiker der östlichen orthodoxen Kirche über außergewöhnliche mystische Erfahrungen dank ihrer traditionellen Wiederholung des einfachen Gebets: "Herr Jesus Christus, sei mir gnädig."

Dr. Herbert Benson, der Präsident und Begründer des Mind/Body Medical Institute an der medizinischen Hochschule von Harvard, stellte fest, dass Menschen, die Sanskrit-Mantren nur zehn Minuten pro Tag wiederholten, Veränderungen in den Körperfunktionen erfuhren – verlangsamter Herzschlag, niedrigerer Stresspegel und langsamerer Stoffwechsel. Folgestudien ergaben, dass die Wiederholung von Mantren für das Immunsystem von Vorteil sein,

Schlaflosigkeit lindern, die Notwendigkeit von Arztbesuchen reduzieren und sogar das Selbstwertgefühl steigern kann. Als Benson und seine Kollegen andere Gebete testeten, u. a. auch "Herr Jesus Christus, sei mir gnädig", fanden sie heraus, dass diese den gleichen positiven Effekt hatten. Kurz gesagt: Wiederholte Gebete wirken energetisierend.

Üblicherweise spricht man ein Dekret dreimal oder ein Vielfaches davon. Wenn wir ein Dekret dreimal sprechen, geht es in Resonanz mit der Kraft der Dreifaltigkeit. Es erzeugt außerdem einen Multiplikationsfaktor, so dass das Dekret zusätzlich mit dem Schwung des 'Drei mal Drei' oder der neunfachen Kraft, versetzt ist.

Die Gebete und Dekrete in diesem Buch stammen alle aus dem Mund der Heiligen und Meister aus Ost und West. Da diese Erleuchteten die höchsten Ebenen des intimen Dialogs mit Gott erlangt haben, sind ihre Worte wie dicke Taue, die auch wir benutzen können, um eine starke spirituelle Verbindung aufrechtzuerhalten. Es handelt sich dabei um heilige Formeln, die dazu dienen, die Kraft Gottes freizusetzen.

5 Rufen Sie die Engel dazu auf, in Ihrem Leben aktiv zu werden

»Ich möchte, dass du nicht
mehr mit Menschen, sondern nur
noch mit Engeln sprichst..«

– Jesus zu Theresa von Avila

Das Wort 'Engel' ist vom griechischen Wort 'angelos' abgeleitet, das 'Botschafter' bedeutet. Engel sind in der Tat Herolde – und darüber hinaus Heiler, Lehrer und Freunde. Ich stelle mir Engel gern als verlängerte Gegenwart Gottes vor, die geschaffen wurden, um 'Angelpunkte' des Gottesbewusstseins zu werden. Sie verkörpern die göttlichen Attribute und verstärken diese. Außerdem bieten sie uns die ganz individuelle Unterstützung, die wir für unseren Aufenthalt auf Erden brauchen.

Der heilige Basilius sagte: "Eine Lehre von Moses lautet, dass jeder Gläubige einen Engel hat, der ihn wie ein Lehrer und Hirte führt." Die ersten Kirchenväter legten fest, dass jede Großstadt, jede Kleinstadt und jedes Dorf – ja sogar jede kleine Kirchengemeinde und Familie – einen besonderen Schutzengel hat. Die Hebräer und einige frühe Christen lehrten, dass sogar ganze Nationen ihre eigenen Schutzengel haben.

Laut der islamischen Überlieferung gibt es vier Schutzengel, die jeweils dazu bestimmt sind, jeden von uns zu beschützen – zwei während des Tages und zwei nachts. (Sie müssen in Schichten rund um die Uhr arbeiten!) Andere Engel werden als "fromme Reisende" beschrieben, die das ganze Land aufmerksam inspizieren und Allah all ihre Beobachtungen melden. In der Überlieferung der Anhänger von Zarathustra verkörpern die 'Amesha Spentas' – vergleichbar mit den jüdisch-christlichen Erzengeln oder den Sefirot der Kabbalah – göttliche Attribute und arbeiten daran, Böses zu besiegen und das Gute zu fördern.

Manche Menschen sagen: "Wenn all diese Engel nur darauf warten, uns zu helfen, warum haben sie dann nicht schon längst etwas gegen dieses Problem in meinem Leben oder in meiner Nachbarschaft unternommen?" Was diese Menschen nicht erkennen, ist, dass das Universum nicht nach Art eines 'Downline-Managements' arbeitet. Es basiert auf dem freien Willen und auf Teamwork.

Als Gott uns erschuf, schenkte er uns den freien Willen, damit wir unsere Individualität üben können. Gott nimmt sein Wort nicht zurück. Er respektiert unseren freien Willen. Man kann sich die Erde wie eine Art Labor vorstellen. Gott hat uns die Freiheit geschenkt, darin zu experimentieren und uns zu entfalten. Würde Gott, wie ein ungeduldiger Vater, jedes Mal seine Engel schicken, damit sie hereinstürmen und uns stoppen, wenn wir gerade dabei sind, einen Fehler zu begehen, würden wir die Ergebnisse unserer guten oder schlechten Entscheidungen gar nicht erfahren – auf diese Weise jedoch lernen wir unsere Lektionen und wachsen spirituell.

Gemäß dem Gesetz des Universums müssen wir folglich Gott und die Engel darum bitten, in unsere Angelegenheiten einzugreifen. Wenn wir darum bitten, übertragen wir ihnen die Macht, in unserem Sinne zu handeln und das zu tun, was für uns am besten ist. Wir gehen eine Partnerschaft mit dem

Göttlichen ein, eine Vereinigung von Himmel und Erde – Teamwork.

Ich habe im Lauf der Jahre viele Briefe erhalten, die darüber berichten, wie die Engel die Situation gerettet haben. Einmal erzählte mir jemand in seinem Brief, dass er gerade mit Freunden auf dem Rückweg von einem Seminar war, als das Auto begann, Schwierigkeiten zu bereiten. "Als ich heimfuhr, fing mein Auto an, Probleme zu machen und begann, sich bedrohlich zu überhitzen. Keiner von uns hatte mehr Geld übrig. Wir waren alle buchstäblich 'auf Engelsflügeln und mit einem Gebet auf den Lippen' auf dem Heimweg.

Jedes Mal, wenn die Nadel wieder höher und höher kletterte, weil die Temperatur anstieg, rief ich die Engel leidenschaftlich um Hilfe. Ich erklärte den Menschen im Wagen, sie sollten vor ihrem geistigen Auge fortwährend das Bild von Schnee, kristallklaren, kalten Gebirgsbächen und Eis um den Motor herum visualisieren. Dann konnten wir beobachten,

> *»Wenn diese Wesen euch beschützen, dann deshalb, weil sie von euren Gebeten herbeigerufen werden.«*
>
> – HEILIGER AMBROSIUS

wie die Nadel umgehend wieder nach unten zu sinken begann, weil die Temperatur auf Normal zurückfiel. Es war solch ein wunderbares Zeugnis für die Kraft des gesprochenen Wortes und das Eingreifen von himmlischen Helfern."

Manchmal sind wir uns einer drohenden Gefahr nicht bewusst, und dennoch machen die Engel, ohne dass wir sie um ihr Eingreifen bitten, Überstunden, um uns zu warnen und uns zu beschützen. Dies trifft insbesondere dann zu, wenn wir zu den Engeln eine dauerhafte Beziehung hergestellt und den Impuls haben, diese in unser Leben einzuladen. Die Engel können uns auch zu Hilfe kommen, wenn jemand für uns betet, oder wenn wir einen besonderen Schutz als Belohnung für eine gute Tat in der Vergangenheit erhalten.

Dies war zweifellos bei jenem Ereignis der Fall, von dem mir eine Frau erzählte. Eines Nachts erwachte sie plötzlich, weil sie ihre Hand um ihre Brust gelegt hatte und etwas zwischen den Fingern hielt, das sich als ein ca. 10 cm großer Tumor entpuppte. "Ich spürte die Gegenwart eines Engels neben meinem Bett", schrieb sie. "Wach' auf! Es gibt etwas zu tun!", lautete die Botschaft. Ich war schlagartig wach. Jede Zelle meines Körpers war in Alarmbereitschaft.

Mein erster Gedanke war: 'Das wird nicht spaßig. Das ist Krebs und das wird hart werden.' Es stellte sich als richtig heraus. Es *war* Krebs und es *wurde* hart."

Von Zeit zu Zeit spürte sie auf ihrem Weg wieder diese Schwingung von Engeln, die sie mitten in der Nacht geweckt hatte. "Sie schien mich vorwärts zu führen", sagte sie. Am Tag vor dem Operationstermin sollte sie beispielsweise noch einen Arzttermin wahrnehmen. Sie hatte nachts nur zwei oder drei Stunden geschlafen und ihr Essen nicht richtig verdaut. "Werde ich stark genug sein, um diesen Termin wahrnehmen zu können?", dachte sie, als sie im Bett lag. In diesem Augenblick sah sie die Engel zur Tür hereinkommen.

"Es waren gut 20 von ihnen, die auf mich zukamen", schrieb sie. "Es erschien mir, als würde ich 20 Zentimeter vom Bett hochgehoben, als sie erschienen. Die Engel nahmen sich meiner an. Sie stellten sich an beiden Seiten meines Bettes entlang auf und bewegten ihre Hände ganz, ganz sachte in Wellenbewegungen über meinen Körper. Ich spürte, wie mir große Liebe zuströmte. Als sie sich zurückzogen, schien es, als sinke ich wieder zurück aufs Bett.

Als ich aufstand, um zu dem Arzttermin zu gehen, bemerkte ich, dass ich stark war und leicht wie eine Feder. Die Engel waren gekommen, um mich zu stärken. Ich brachte das Gespräch mit dem Onkologen ganz elegant hinter mich und schwebte am nächsten Tag durch die Operation."

Besonders ergreifend sind die Berichte über Hilfe von Engeln bei Kindern, wie jener, der ein unvergessliches Eingreifen beschreibt, das sich vor Jahren zugetragen hat: "Ich war ungefähr zehn oder elf Jahre alt", begann der Brief. "Es war ein heißer Sommertag. Mein Vater hatte gerade meine Schwester und mich von unserem Sommerferienlager abgeholt, und wir fuhren nach Hause. Ich war erschöpft und schläfrig – so schläfrig, dass ich dachte, es wäre herrlich, meinen Kopf gegen die Autotüre zu lehnen und einzuschlafen. Als ich das gerade tun wollte, ereignete sich etwas Merkwürdiges, jedoch sehr Schönes.

Ich hörte eine Stimme. Ich werde diese Stimme nie vergessen. Es war eine Frauenstimme – fest, und dennoch zart, befehlend und dennoch beruhigend. Die Stimme sprach zu mir und sagte (wenn ich es mit eigenen Worten beschreiben darf): 'Nein, lehne deinen Kopf nicht an. Warte, bis du daheim bist.'

Ich kann nicht mit Worten beschreiben, wie schön diese Stimme oder wie tief die Fürsorge dieses

Wesens mir gegenüber war. Ich gehorchte ihrem Befehl umgehend und streckte mich, um eine geradere Körperhaltung einzunehmen. Kurz danach – Sekunden oder Minuten später – fuhr unserem Auto ein anderer Wagen in die Seite. Die Seite, auf der ich saß, war völlig nach innen gedrückt.

Wenn ich meinen Kopf angelehnt hätte, wie ich es eigentlich vorgehabt hatte, hätte ich womöglich schwere Kopfverletzungen erlitten und wäre vielleicht sogar gestorben. Die Engel sind solch faszinierende Helfer."

Glücklicherweise brauchen wir nicht auf Wunder wie dieses zu warten. Je mehr wir darüber erfahren, wie man mit Engeln arbeiten kann, desto mehr können sie uns helfen, Wunder zu bewirken – jeden Tag. Kein Problem ist zu groß oder zu klein, als dass Sie es nicht den Engeln anvertrauen könnten, ganz gleich, ob es sich darum handelt, etwas wieder zu finden, was Sie verloren haben, Ihnen Kraft zu schenken, um alte Verletzungen loszulassen, oder um Ihnen zu helfen, einen neuen Arbeitsplatz zu finden, ja sogar, um einen Krieg zu beenden.

Obgleich wir dazu neigen zu glauben, dass alle Engel gleich aussehen und gleich handeln, lehrte Origen von Alexandria, dass alle Wesen bestimmte

Dienste und Pflichten zugewiesen bekommen, abhängig von ihren früheren Taten und Verdiensten. Selbst die Erzengel und ihre Helferengel spezialisieren sich auf bestimmte Aufgaben, und wir können verschiedene Engelsscharen anrufen, damit sie uns in den verschiedensten Bereichen unseres Lebens helfen.[12]

Dies braucht nicht lange zu dauern. Immer, wenn Sie eine Last auf sich liegen spüren oder mit einem Problem konfrontiert sind, können Sie schnell Gebete sprechen, um die Engel direkt in Ihr Haus oder an Ihren Arbeitsplatz zu holen, oder wo Sie sonst gerade sein mögen. Gott möchte gern, dass wir die Kontrolle über unsere Welt ergreifen und unseren freien Willen einsetzen, um eine göttliche Partnerschaft mit dem Geist zu schmieden. Dies ist einer der Gründe, weshalb wir hier auf Erden sind.

Wie lange dauert es wirklich, um die Engel zu einer Notsituation zu rufen, indem wir die besonderen Umstände nennen, die wir sie gern lösen lassen würden? Etwa 30 Sekunden. Wie verändert die Welt doch wäre, wenn wir uns zu Beginn jeder Stunde alle nur 30 Sekunden Zeit nehmen würden, um ein schnelles Gebet zu verfassen und die Engel loszuschicken! Wenn Sie die Nachrichten anschauen, können Sie sogar die Lautstärke während der Werbung etwas herunterdrehen und den Engeln Ihre Hilferufe schicken.

Eine junge Frau erzählte mir: "Indem ich die Wissenschaft vom gesprochenen Wort anwende, kann ich etwas für das Gute in der Welt tun, ganz gleich, wo ich bin – zu Hause, im Auto oder auf einer Bergtour. Ich kann die Minuten meines Lebens für etwas Sinnvolles einsetzen, indem ich um Schutz und Hilfe für diejenigen in Not bitte."

»Machen Sie sich mit den Engeln vertraut ... denn sie sind bei Ihnen, auch wenn sie nicht sichtbar sind.«

– HEILIGER FRANZ VON SALES

Vergessen Sie nicht: Wenn Sie diese Gebete sprechen, sollten Sie dabei nicht allzu sanft sein. Sie können diese Rufe als dynamische Befehle geben. Je größer Ihre Leidenschaft ist, desto größer wird Ihre Antwort vom Himmel sein.

Wie viele Tage müssen Sie sich auf ein bestimmtes Gebet konzentrieren, bevor Sie Ergebnisse erkennen können? Dies hängt davon ab, wie ernst die Situation ist, und wie viel Licht von Gott nötig ist, um die Dunkelheit zu vertreiben.

80

Verlag

»Die Silberschnur« GmbH

Postfach 41

D-56590 Horhausen

|||||||||||||||||||||||||||| SILBERSCHNUR ||||||||||||||||||||||||||||

www.silberschnur.de · E-Mail: bestellung@silberschnur.de

Kazuo Murakami

**Der göttliche Code
des Lebens**

Ein neues Verständnis
der Genetik

152 Seiten, gebunden
€ (D) 14,90
ISBN 978-3-89845-226-7

Glück, Freude, Inspiration oder Dankbarkeit können nützliche Gene aktivieren – das ist das Ergebnis der Forschungen des Genetikers und Biowissenschaftlers Murakami, der seine Erkenntnisse in diesem Buch in klarer und allgemeinverständlicher Form darlegt – und so endlich der weit verbreiteten These, das Schicksal sei bereits im Genom festgelegt, eine deutliche Absage erteilt.

Ja, ich möchte gerne weitere Informationen erhalten.

Bitte senden Sie mir

○ Ihr Verlagsprogramm

Informationen zu Büchern über:

○ Astrologie
○ Gartenwelten
○ Romane

○ per E-Mail   *oder*   ○ per Post

○ Informationen zu Seminaren

○ CD & Hörbuch   ○ Esoterik
○ Lebenshilfe   ○ Mensch & Umwelt
○ Tarot & Karten   ○ Wissenschaft

Name, Vorname

Telefon   E-Mail

Straße, Hausnummer

Land, PLZ, Ort

Ich erkläre mich einverstanden, dass der Verlag »Die Silberschnur« und Kooperationspartner meine Daten zu Direktmarketingzwecken verwenden dürfen.

Eine liebe Freundin von mir hatte es sich jahrelang zur Gewohnheit gemacht, jeden Morgen aufzustehen und Gebete und Dekrete für die Jugend dieser Welt zu sprechen. Und sie würde es heute noch tun, wenn sie noch unter uns weilen würde. Andererseits kann manchmal ein einziger, inbrünstiger Hilferuf von Herzen in einer Situation die Wendung herbeiführen.

NAME DES ERZENGELS	EINSATZBEREICH
Michael	Schutz, Kraft, Vertrauen, Wohlwollen
Jophiel	Weisheit, Verständnis, Erleuchtung
Chamuel	Liebe, Mitgefühl, Freundlichkeit, Fürsorge
Gabriel	Reinheit, Disziplin, Freude
Raphael	Wahrheit, Wissenschaft, Heilung, Fülle, Vision, Musik
Uriel	Dienst am Nächsten, Gottesdienst, Frieden, Bruderschaft
Zadkiel	Barmherzigkeit, Vergebung, Gerechtigkeit, Freiheit, Transmutation

Spirituelle Übungen

- **Schaffen Sie täglich Ihre eigenen Wunder, indem Sie mit den Engeln arbeiten**
Schreiben Sie zunächst eine Situation auf, in der Sie (oder jemand anderes) Hilfe brauchen. Jeder der sieben Erzengel und ihre Engelsscharen haben gewissermaßen ihr eigenes 'Fachgebiet'. Wählen Sie aus der Übersicht auf der vorhergehenden Seite den Erzengel aus, mit dem Sie arbeiten möchten, denjenigen, der auf das Gebiet spezialisiert ist, das Ihnen am Herzen liegt.

Sprechen Sie jeden Tag (sobald Sie einen freien Augenblick zwischen zwei Tätigkeiten oder eine Pause am Tag haben) von Herzen ein lautes Gebet zu diesem Erzengel. Seien Sie in Ihrem Gebet spezifisch und kreativ und nennen Sie das exakte Problem und das Ergebnis, das Sie erhalten möchten.

Im Folgenden ein Beispiel für ein Gebet, wie Sie es formulieren könnten:

Erzengel [Namen des betreffenden Erzengels einfügen] *und deine Engelsscharen, tretet jetzt in Aktion und übernehmt die Kontrolle über* [benennen Sie die genaue Situation, den Ort und das Ergebnis, das Sie wünschen].
Ich bitte euch, das bestmögliche Ergebnis zu bewirken und meine Gebete für den Segen aller Seelen in einer ähnlichen Notlage zu vervielfachen.

Übergeben Sie, während Sie Ihr Gebet sprechen, das Problem den Engeln. Visualisieren Sie, wie sich die Lösung des Problems vor Ihrem geistigen Auge abspielt – Sie erhalten den perfekten Arbeitsplatz, eine brüchige Beziehung wird gekittet, die Kriminalitätsrate in Ihrem Umfeld sinkt.

- **Nehmen Sie die Hilfe von Erzengel Michael in Anspruch** – jederzeit, überall. Im Folgenden ein Beispiel für einen schnellen und kraftvollen SOS-Ruf, den Sie starten können, um Erzengel Michael auf die Bühne zu bitten:

Erzengel Michael,
hilf mir! Hilf mir! Hilf mir!
Erzengel Michael,
hilf mir! Hilf mir! Hilf mir!
Erzengel Michael,
hilf mir! Hilf mir! Hilf mir!

Schicken Sie, während Sie diese Worte wiederholen, einen Lichtbogen aus Ihrem Herzen zum Herzen dieses großartigen Erzengels. Wenn Sie diesen Ruf mit Inbrunst tun, wird Erzengel Michael augenblicklich an Ihrer Seite sein.

Und hier ein weiteres einfaches Dekret an Erzengel Michael, das Sie sprechen können:

Oh liebster Michael, Erzengel des Glaubens,
versiegele du mein Leben mit deinem Schutze.
Lass' jeden Tag meinen Glauben daran wachsen, dass Gott im Leben das einzig Wahre ist.

Schreite vor mir her, lieber Michael,
deinen Schild des Glaubens verehre ich.
Lichtrüstung der lebendigen Flamme
manifestiere Aktion in Gottes Namen.

(Siehe auch die Anrufung 'Schutz für Reisende' an Erzengel Michael auf Seite 64.)

6 Überlassen Sie Ihrem spirituellen Selbst die Arbeit

»Ich habe festgestellt, dass es in einem
   Großunternehmen, ganz gleich welcher Art,
      nicht genügt, wenn ein Mensch sich auf
         sich allein verlässt.«

– Isna-La-Wica (Lone Man)

Der alte, chinesische Weise Lao Tse lehrte:
"Handelt, ohne etwas zu tun. Arbeitet ohne
Mühen."

Für einen westlichen Verstand klingt dies wie ein
Zen-Koan. Wie kann man handeln, ohne etwas zu
tun oder arbeiten, ohne sich anzustrengen?

Lao Tse enthüllte damit das Geheimnis, das alle
spirituellen Adepten entdeckt haben. Er teilte uns
mit, dass, wenn unser niederes Selbst (unser Ego)
aus dem Weg ist, unser Höheres Selbst (unser spirituelles Selbst) mühelos durch uns wirken kann. Lao

Tse formulierte es anders, indem er sagte: "Um voll zu werden, müsst ihr erst leer sein ... Wer die Demut kennt, wird zum Tal der Welt." Mit anderen Worten, wer sein Ego bezwungen hat, erzeugt den heiligen Raum, der zur Wiege des Geistes werden kann.

In der Sprache des Tao ausgedrückt heißt das: Wenn wir 'leer' sind, können wir mit dem Tao erfüllt werden – dem alles durchdringenden Geist, der höchsten Realität. In unsere moderne Sprache übersetzt heißt dies: Wir können nicht zugleich von uns selbst und vom großen Geist erfüllt sein.

> »[Der Weise] strebt selbst niemals nach dem Großen, und dabei wird das Große erreicht.«
>
> - LAO TSE

Wir haben ein spirituelles Selbst, das unsere wahre Natur ist. Das niedere Selbst, das menschliche Ego, verfinstert die Sonne jenes spirituellen Selbst und steht ihm im Weg. Wir können in unser Leben mehr Spiritualität integrieren, wenn wir leer und offen werden, wie ein Tal, und unser spirituelles Selbst bewusst dazu einladen, uns zu unterweisen und sich durch uns Ausdruck zu verleihen.

Ramakrishna, der hinduistische Heilige aus dem 19. Jahrhundert, drückte es folgendermaßen aus: "Ich bin die Maschine, du [Gott, das Höhere Selbst] bist der Fahrer ... Ich spreche so, wie du mich sprechen lässt. Ich handle so, wie du mich handeln lässt." [13] Jesus sagte uns dieselbe Wahrheit, als er lehrte: "Ich allein kann nichts tun ... Der Vater in mir tut die Arbeit." Der hasidische Lehrer Dov Baer fasste es zusammen, als er sagte: "Was auch immer man tut, Gott tut es."

Wenn wir das Bedürfnis des Egos, die Kontrolle innezuhaben, loslassen können, wenn wir die Situation Gott übergeben, wenn wir sie unserem spirituellen Selbst übergeben können, öffnen wir die Tür zu Möglichkeiten, an die wir vorher niemals gedacht hatten. "Es ist das Gefühl, dass man sich abmüht, das mehr Mühsal heraufbeschwört", sagt der Aufgestiegene Meister Saint Germain.

Manchmal wirken unsere übertriebene Besorgtheit oder Angst wie Scheuklappen. Wenn wir Scheuklappen tragen, haben wir ein sehr beengtes Gesichtsfeld und können unter Umständen nicht alle Möglichkeiten sehen. In der Tat kann es sein, dass wir die Antworten immer am falschen Fleck suchen. Wenn wir offen für eine andere Sichtweise der Dinge

sind – wenn wir uns entspannen, in den Empfangsmodus gehen und uns öffnen können wie ein Tal –
dann kann Gott uns auch die bestmögliche Lösung
bringen.

Mein verstorbener Ehemann und Lehrer, Mark
L. Prophet, pflegte zu sagen, dass wir die Antwort,
die wir suchen, niemals außerhalb
von uns selbst finden werden. "Sie
ist in dir selbst", sagte er. "Dort
beginnt die Suche. Wir können eine
Goldmine des Bewusstseins in unserem Inneren entdecken. Es ist
das Bewusstsein des uns innewohnenden Christus. Und wenn wir
dieses Bewusstsein entdecken, werden wir unser Eigenkapital neu einschätzen. Du findest dein persönliches Eigenkapital nicht auf einem Börsenblatt. Du
findest es in dir."

»Gott
ist kein
Pfuscher.«
- JOHN HEYWOOD

Spirituelle Übungen

- **Weichen Sie einen Schritt zurück**
  Dem spirituellen Selbst die Arbeit zu überlassen, ist eine Lebenshaltung, eine Lebensweise. Wenn Ihnen im Leben irgendetwas zu schwierig vorkommt, gehen Sie einen Schritt zurück, übergeben Sie das Problem bewusst Ihrem Höheren Selbst – und lassen Sie es los. Sprechen Sie ein Gebet, in dem Sie das Problem übergeben. Es genügt ein einfaches Gebet wie eines der folgenden oder das lange 'Gebet zur Einstimmung' auf S. 92.

Lieber Gott, übernimm die Kontrolle über diese Situation. Ich kann es selbst einfach nicht. Doch ich weiß, du kannst es.
Geliebtes Christusselbst, komme in das Vakuum meines Wesens und agiere heute durch mich zum höchsten Wohl in dieser Situation. Befreie mich von aller Selbstbeschränkung, von jeglicher spiritueller Blindheit und von allen ungesunden Gewohnheiten, die bewirken, dass ich dich und deinen Willen nicht klar erkenne, oh Gott.

Gebet zur Einstimmung

Geliebte ICH BIN-Gegenwart,
werde heute für mich tätig:

Fülle meine Form aus.
Entsende das Licht, das nötig ist,
damit ich vorwärts gehen kann, um deinen
Willen auszuführen.

Und achte darauf, dass die Entscheidungen,
die ich treffe,
nach allen Seiten hin deinem heiligen
Willen entsprechen.

Achte darauf, dass meine Energien dazu
benutzt werden,
um den Herrn in jedem Menschen, den ich
treffe, zu vergrößern.

Achte darauf, dass deine heilige Weisheit,
die für mich freigegeben wird,
konstruktiv eingesetzt wird, um Gottes
Reich auszudehnen.

Und vor allem, geliebter himmlischer Vater,
befehlige ich meinen Geist in deine Hände.

Und ich bitte darum - da deine Flamme
eins ist mit meiner Flamme -,
dass diese beiden Flammen vereint pulsieren
mögen,

um in meiner Welt
mit deiner heiligen Gegenwart, mit dem
Heiligen Geist und mit der Erdenmutter die
beständige Wachsamkeit und Resonanz zu
erzeugen, die ich brauche.

Ihre spirituelle Anatomie

Jeder von uns besitzt ein einzigartiges spirituelles Selbst mit einem ungeheuren spirituellen Potenzial. Wir verfügen mitten in unserem Inneren über eine persönliche Verbindung zu Gott. Die Darstellung unseres göttlichen Selbst auf Seite 95 kann uns helfen, diese Beziehung besser zu verstehen.

Diese Abbildung ist eine Darstellung von Ihnen und Gott in Ihnen. Es ist ein Diagramm Ihrer spirituellen Anatomie und Ihres Potenzials, der zu werden, der Sie wirklich sind. Der Schriftsteller Dannion Brinkley, der bereits drei Nahtoderfahrungen hinter sich hat, sagt: "So sehen Sie aus der Perspektive der spirituellen Reiche aus."

Die obere Gestalt in der Darstellung Ihres göttlichen Selbst ist die ICH BIN-Gegenwart, die Gegenwart Gottes, die sich in jedem Einzelnen von uns individualisiert hat. Die Buddhisten nennen sie das 'Dharmakaya', den Körper der höchsten Realität. Ihre ICH BIN-Gegenwart ist Ihr personalisiertes ICH BIN DER ICH BIN, der Name Gottes, wie er Moses offenbart wurde. "ICH BIN DER ICH BIN" bedeutet einfach, aber tiefgehend: *Wie oben, so*

95

unten. *Wie Gott im Himmel, so ist Gott auf Erden in mir. Da, wo ich gerade stehe, ist Gott. Ich bin hier auf Erden das 'ICH BIN', das im Geiste ist."*

In spirituellen Dimensionen ist Ihre ICH BIN-Gegenwart von sieben konzentrischen Kreisen spiritueller Energie umgeben, die Ihren so genannten 'Kausalkörper' bilden. Diese Kugeln pulsierender Energie enthalten die Erinnerung an alle guten Taten, die Sie je vollbracht haben.

Die mittlere Gestalt stellt Ihr Höheres Selbst dar – Ihren inneren Lehrer, besten Freund und die Stimme Ihres Gewissens. Jeder von uns ist dazu bestimmt, die Attribute seines Höheren Selbst zu verkörpern. Dieses wird manchmal als 'innerer Christus' oder 'innerer Buddha' bezeichnet.

Der weiße Lichtstrahl, der vom Herzen der ICH BIN-Gegenwart durch das Höhere Selbst auf den niederen Körper herabströmt, ist die Kristallschnur (oder 'Silberschnur', wie der Prediger Salomo sie nennt). Es ist die Nabelschnur oder das Lebensband, das Sie mit dem Geist verbindet. Ihre Kristallschnur nährt auch den göttlichen Funken, der in der Geheimkammer Ihres Herzens verborgen ist.

Die untere Gestalt stellt Sie auf Ihrem spirituellen Pfad dar, umgeben vom schützenden weißen Licht Gottes und der violetten Flamme (das reinigende spirituelle Feuer des Heiligen Geistes), die Sie bei Ihrer spirituellen Praxis anrufen können.* Der Zweck der Entwicklung Ihrer Seele auf Erden besteht darin, in Bezug auf die Meisterschaft über sich selbst, die Herstellung der Balance Ihres Karmas und die Erfüllung Ihrer Mission zu wachsen und Ihre Mission zu erfüllen, so dass Sie zu den spirituellen Dimensionen zurückkehren können, die Ihr wahres Zuhause sind.

---

* Siehe die Seiten 62, 122f.

7 Leben Sie im Hier und Jetzt

*»Ich sagte, es gab nur eine einzige Tatsache
über die Vergangenheit, die es wert ist, sich
daran zu erinnern, und das war die
Tatsache, dass es Vergangenheit ist.«*

– Mark Twain

$\mathcal{L}$ ebe nicht in der Vergangenheit, träume nicht von der Zukunft, konzentriere deinen Geist auf den Moment in der Gegenwart", lehrte Gautama Buddha.

"Verzichte auf das Schmachten nach der Vergangenheit, verzichte auf das Schmachten nach der Zukunft, verzichte auf das Schmachten nach dem, was dazwischen ist und setze zum gegenüberliegenden Ufer über."

Was ist das Schmachten nach der Vergangenheit? Es ist das Verlangen – und das haben wir alle von

Zeit zu Zeit – die 'guten alten Zeiten' nochmals aufleben zu lassen. Oder es ist der Blick zurück und das beständige Nachdenken darüber, "was gewesen wäre, wenn ...".

Was ist das Schmachten nach der Zukunft? Es bedeutet, sich Sorgen darüber zu machen, was passieren würde, wenn ...

Was ist das andere Ufer? Stellen Sie es sich als den Ort vor, an dem Sie sein möchten – den Ort des Friedens, den Ort des Glücks, den Ort, wo es kein "Verlangen" mehr gibt.

Und welche ist die Brücke, die uns helfen kann, ans andere Ufer zu gelangen? Es ist der Bogen unserer Aufmerksamkeit.

Eines der wichtigsten spirituellen Gesetze, das man nicht außer Acht lassen darf, lautet: *"Wo du deine Aufmerksamkeit hinlenkst, dort geht auch deine Energie hin"*. Jeden Tag bekommen wir nur eine bestimmte Menge an Energie zugeteilt. Ist ein Teil unserer Aufmerksamkeit ständig auf die Vergangenheit oder auf Sorgen über die Zukunft fixiert, steht uns genau diese Menge weniger an Energie im Hier und Jetzt zur Verfügung.

Es ist, als hätte sich der Fluss des Lebens, der uns durchströmt, in kleinere Flussarme geteilt. Diese

Rinnsale an Energie, die vom Hauptarm – und damit vom Hauptmuster unseres Lebens – wegströmen, können uns die volle Kraft entziehen, die wir brauchen, um unsere Lebensmission zu erfüllen. Infolgedessen kann es geschehen, dass wir gedankenverloren, unkonzentriert, ja sogar chronisch müde oder depressiv werden.

Ein weiterer Faktor, der uns davon abhalten kann, uns voll auf die Gegenwart zu konzentrieren, ist die Tatsache, dass es sein kann, dass wir buchstäblich einen Teil von uns anderswo zurückgelassen haben. Dies kann die Folge eines traumatischen Erlebnisses oder eines Missbrauchs sein. Vielleicht haben wir auch einen Menschen so geliebt, dass, als wir diesen verloren haben, ein Teil von uns bei ihm geblieben ist. Es ist nur natürlich und gesund, über den Verlust eines geliebten Menschen zu trauern und Schmerz zu empfinden. Doch wenn wir die Teilchen nicht wieder einsammeln und weitergehen, ist es, als würde ein Teil unserer Seele bei unserem Handeln fehlen.

Auch wenn wir Wut oder Groll hegen oder einem anderen – bzw. auch uns selbst – nicht vergeben, so hindert uns dies daran, in der Gegenwart zu leben. Wir glauben, dass wir, indem wir jemanden 'mundtot machen', diesen aus unserem Leben ausschließen.

In Wirklichkeit bewirkt unsere Wut oder unser Groll genau das Gegenteil – sie halten uns in einer karmischen Verstrickung an diese Menschen gefesselt, und wir sind nicht frei, um auf unserem Weg voranzuschreiten.

Eine meiner Lieblingslektionen darüber, wie man sein Extragepäck loslassen kann, stammt aus einer alten buddhistischen Geschichte über zwei Mönche, die gemeinsam eine Reise tun. Sie gelangen an einen Fluss, an dem sie ein hübsches junges Mädchen treffen, das zögert, diesen zu durchqueren, da es seine Kleider nicht nass machen möchte. Einer der Mönche hebt es hoch, trägt es hinüber und setzt seinen Weg fort.

»Das Leben besteht aus dem, was der Mensch den ganzen Tag über denkt.«

- RALPH WALDO EMERSON

Mönche haben natürlich normalerweise keinen Umgang mit Frauen, und es kommt schon gleich gar nicht vor, dass sie sie anrühren – und sein Begleiter ist schockiert. Mit jedem Schritt wird er empörter. Dadurch abgelenkt, wird er immer langsamer. Schließlich, nach einigen Meilen, kann er sich nicht mehr zurückhalten und platzt heraus: "Wie konntest du so etwas tun?"

Der erste Mönch ist zunächst ganz verdutzt und erwidert dann: "Ach, du meinst das junge Mädchen? Sie habe ich doch schon vor einigen Meilen wieder abgesetzt. Du trägst sie wohl immer noch?"

Wenn wir uns entscheiden, Wut oder eine alte Verletzung nicht loszulassen, tragen wir sie förmlich weiter mit uns herum. Wir haben gelernt, dass Wut oder Groll zu einem Teufelskreis führen. Es zieht uns unsere Energie ab, da ein Teil von uns stets mit unserer Aufmerksamkeit bei der ungelösten Situation ist. Wenn wir vergeben, setzen wir 100% unserer Energie für konstruktive Bemühungen frei.

Zum Vergeben gehört auch, dass man erkennt, dass es manchmal, wenn Menschen uns Unrecht antun, ausschließlich mit jenen zu tun hat und nichts mit uns. Vielleicht sind die scharfen Worte eines anderen die Folge eines tiefen inneren Schmerzes, der nicht verschwinden mag. Vielleicht schleppt eine frustrierte Freundin eine Last mit sich herum, die schwerer ist, als sie ertragen kann, und ihre Seele schickt einen Hilfeschrei aus. Vielleicht ist das 'Unrecht' auch einfach die Art und Weise des Lebens, uns auf eine Lektion aufmerksam zu machen, die wir bisher stets verweigert hatten. Was auch immer es ist – wir sind nicht wirklich frei, bevor wir nicht unsere Wut aufgelöst und vergeben haben.

Es mag Zeiten geben, in welchen wir spüren, dass wir jemandem nicht vergeben können, da wir glauben, das 'Verbrechen', das der andere an uns oder an einem unserer Lieben begangen hat, sei zu groß gewesen. Gott hat mich gelehrt, dass wir in einer solchen Situation der Seele vergeben und dann Gott und seine Engel bitten können, das unwirkliche Selbst, die dunkle Seite, der Person, die jene dazu getrieben hat, das Verbrechen zu begehen, zu binden.

Ganz gleich, wie schlecht die Taten eines Menschen sind, wenn wir der Seele vergeben – dem Teil seines Wesens, der immer noch das Potenzial für das Gute in sich trägt – können wir eine karmische Verstrickung vermeiden. "Hass hebt Hass niemals auf", lehrte Gautama Buddha mit jenen unsterblichen Worten des Dhammapada. "Nur die Liebe löst den Hass auf." Hass fesselt. Die Liebe befreit.

Manchmal sind Sie selbst die wichtigste Person, der Sie vergeben müssen. Welche Missetaten auch immer Sie begangen haben mögen – Sie können um Vergebung bitten, die spirituelle und praktische Arbeit der Wiedergutmachung tun und Ihre Fehler als lehrreiche Erfahrungen betrachten.

"Alles, was bereits geschehen ist, ist Prolog", so Shakespeares Formulierung. Wir können gewiss aus unseren vergangenen Tagen lernen, doch es ist gefährlich, in der Vergangenheit zu leben. Jemand brachte es einmal auf folgenden Nenner: "Bleibe mit den Augen auf dem Weg und benutze deinen Rückspiegel nur, um einen Unfall zu vermeiden." [14]

Wir haben nun darüber gesprochen, welche Falle das Leben in der Vergangenheit sein kann. Das Gleiche gilt aber auch dafür, wenn man sich auf die Zukunft fixiert. Es spricht nichts dagegen, Pläne für die Zukunft zu schmieden. Wenn man sich

> »Die Menschen im Westen bereiten sich ihr Leben lang auf ihr Leben vor.«
> - CHINESISCHES SPRICHWORT

jedoch fortwährend Sorgen um die Zukunft macht, so kann es sein, dass uns dies unsere Energie raubt, die wir für die Gegenwart benötigen. Wenn Sie darüber nachdenken, so bedeutet die Angst vor der Zukunft in Wirklichkeit, dass man in Zweifel zieht, dass unser Schöpfer, unsere spirituelle Quelle, uns mit dem versorgen wird, was wir brauchen – oder wir sind dem Glauben verfallen, wir würden es nicht verdienen, etwas von ihm zu bekommen.

Nichts könnte von der Wahrheit weiter entfernt sein. Gott verfügt über eine unerschöpfliche Energiequelle. Es ist auch nicht das Universum, das das begrenzt, was wir empfangen können – es sind unsere eigenen Glaubensmuster. Wie der Tao-Meister Chuang Tzu lehrte: "Der Mensch, der der Weisheit nahe ist, kennt den Weg zur 'Himmlischen Schatzkammer', wie die Alten es nannten ... Er kann etwas hineingießen, ohne dass sie sich füllt. Er kann davon etwas ausgießen, ohne dass sie sich erschöpft."

Jesus, der damit eine sehr östliche Sichtweise hierüber einnahm, sagte: "Sehet die Vögel unter dem Himmel: Sie säen nicht, sie ernten nicht, sie sammeln nicht in die Scheunen; und euer himmlischer Vater nährt sie doch. Seid ihr denn nicht viel mehr denn sie? ... Und warum sorget ihr für die Kleidung? Schauet die Lilien auf dem Felde, wie sie wachsen: Sie arbeiten nicht, auch spinnen sie nicht ... So denn Gott das Gras auf dem Felde also kleidet, das doch heute steht und morgen in den Ofen geworfen wird: Sollte er das nicht viel mehr euch tun, oh ihr Kleingläubigen?" [15]

Spirituelle Übungen

- **Übergeben Sie alles an eine höhere Macht**
  Gibt es etwas aus der Vergangenheit oder eine
  Sorge über die Zukunft, die Sie vorrangig beschäftigt – etwas, was Sie bereits vor Meilen
  hätten ablegen sollen?
  Wenn Sie spüren, dass Sie in der Vergangenheit verweilen oder sich Sorgen über die Zukunft machen, versuchen Sie, die folgende
  Affirmation oder Ihre persönliche Version
  davon sowie die "Affirmationen für den Frieden" auf der nächsten Seite zu wiederholen:

  Geliebte ICH BIN Gegenwart, * *geliebte* [fü-
  gen Sie hier den Namen eines Heiligen, eines
  Meisters oder eines Engels ein, mit dem Sie
  arbeiten], *übernehmt die Kontrolle über diese
  gesamte Situation. Ich lasse mich nicht bewegen!*

---

* Ihre ICH BIN-Gegenwart ist die persönliche Gegenwart Gottes, die bei Ihnen
ist.

Affirmationen für den Frieden

Ich empfange das Geschenk des Friedens in
meinem Herzen.
Ich empfange das Geschenk des Friedens in
meiner Seele.
Ich empfange das Geschenk des Friedens in
meinem Verstand und in meinen Gefühlen.

Ich sage zu allen, die mich
aus meiner Friedensmitte locken wollen:
Ich lasse mich nicht bewegen.
Friede, sei ganz ruhig! Friede, sei ganz ruhig!
Friede, sei ganz ruhig!

ICH BIN der sanfte Regen des Friedens.
ICH BIN ein Diener des Friedens.
ICH BIN im Herzen des Friedens eingesiegelt.
Möge die Welt umhüllt
von einer Aura des Friedens Gottes leben!

- **Rufen Sie das Gesetz der Vergebung an**
  Wenn Sie etwas getan haben, was Sie später bereuen, rufen Sie Gott an und sagen Sie: *"Ich gebe zu, dass ich einen anderen Teil des Lebens verletzt habe. Ich rufe das Gesetz der Vergebung deines Herzens für alles an, oh Gott, was ich getan haben möge, das nicht freundlich, respektvoll oder ehrenhaft war, insbesondere ＿＿＿＿＿＿＿＿＿＿＿＿＿."*

Geloben Sie, dass Sie die Sache in Ordnung bringen möchten, indem Sie es bei allen wieder gutmachen werden, die Sie in irgendeiner Weise geschädigt haben. Sprechen Sie sodann die folgende Affirmation. Schicken Sie zugleich Ihre Liebe und Vergebung zu all denen, welchen Sie jemals Unrecht angetan haben, sowie all jenen, die Ihnen jemals etwas Unrechtes angetan haben, und übergeben Sie die Situation in Gottes Hände.

Dekret für Vergebung

ICH BIN die Vergebung, die hier aktiv ist,
vertreibe allen Zweifel und jede Angst,

befreie die Menschen für immer
mit den Flügeln des kosmischen Sieges.

ICH BIN der Ruf nach Vergebung
mit voller Kraft und zu jeder Stunde.
Allem Leben überall
lasse ich vergebende Gnade zuströmen.

8 Setzen Sie spirituelle Energie ein, um Ihre Vergangenheit zu verändern

»Wenn wir zwischen der Vergangenheit und der Gegenwart einen Streit entfachen, werden wir feststellen, dass wir die Zukunft verloren haben.«

— Sir Winston Churchill

Die Vergangenheit hinter uns zu lassen, das ist die innere Arbeit unserer Seele. Es ist eine tiefgehende und manchmal auch harte Arbeit, da unsere Seele tief in ihrem Inneren weiß, dass wir, um die Zukunft so zu gestalten, wie wir Sie gern hätten, auch die Verantwortung für die Vergangenheit übernehmen müssen.

Was immer wir tun, kommt wie ein Bumerang zu unseren Füßen zurück - irgendwann, irgendwo. Dies ist ein unentrinnbares Gesetz des Universums. Im Osten ist es als 'Gesetz des Karmas' bekannt.

'Karma' ist ein Wort aus dem Sanskrit und bedeutet "Tun", "Handeln", "Wort" oder "Tat". Karma, sowohl im Positiven als auch im Negativen, ist die Wirkung von Ursachen, die wir in der Vergangenheit in Gang gesetzt haben, sei es vor zehn Minuten oder vor zehn Inkarnationen. Karma ist die Folge unserer Gedanken, Worte und Taten.

Wir alle haben von Kindheit an immer wieder etwas über das Karma erfahren. Wir haben es nur nicht so bezeichnet. Stattdessen hörten wir:

"Alles, was wir tun, kommt wieder auf uns selbst zurück."

"Wie die Aussaat, so die Ernte."

"Actio gleich Reactio."

"Säe Liebe, und du wirst Liebe ernten."

Jeden Augenblick strömt uns Liebe von Gott entgegen, und jeden Augenblick entscheiden wir neu, ob wir dieser eine positive oder eine negative Ladung aufprägen. Gemäß dem Gesetz vom ewigen Kreislauf wird diese Energie zu uns zurückkehren. Wenn die positive Energie zurückkehrt, erleben wir, dass positive Dinge zu uns zurückkehren. Die Energie, die unsere negative Prägung trägt, da wir diese Energie eingesetzt haben, um andere zu verletzen anstatt ihnen zu helfen, kehrt ebenfalls zu ihrer Quelle zurück – diesmal, um aufgelöst zu werden. Sie kehrt zu uns als Gelegenheit zurück, die Dinge wieder gutzumachen.

Wandeln wir diese wiederkehrende Energie nicht in etwas Positives um, so verschwindet sie nicht einfach wieder. Wir haben beispielsweise den freien Willen, um Gottes Energie als Liebe oder als Hass zu qualifizieren. Haben wir sie als Hass qualifiziert, so verbleibt diese Energie als Teil unseres Bewusstseins bei uns, bis wir sie durch Liebe umgewandelt haben.

Negatives Karma kann sich in den verschiedensten Formen manifestieren – von tief verwurzelten Verhaltensmustern, die uns davon abhalten, mit anderen Menschen zurechtzukommen, bis hin zu Krankheiten und Unfällen. Auch ganze Menschengruppen können negatives 'Gruppenkarma' erzeugen, wenn sie beispielsweise zur Umweltverschmutzung oder Menschenverfolgung beitragen. Sie sind gesamtschuldnerisch für den Schaden verantwortlich, den sie einem anderen Teil des Lebens zugefügt haben mögen.

Eine andere Möglichkeit, um zu verstehen, wie unsere Vergangenheit unser Leben heute beeinflusst, besteht darin, die Anhäufung negativen Karmas als Energieblockade zu betrachten. Die Meister der alten orientalischen Kunst des Feng Shui lehren, dass Chaos in unserem körperlichen Umfeld den Energiefluss (oder den Fluss des Chi) in unserem Umfeld stört. Sie sagen, dass der Energiefluss (oder das Fehlen dessen) unsere Gesundheit, unsere Finanzen und unsere Beziehungen – kurzum, den Strom unseres Lebens – stark beeinflusst.

In genau der gleichen Weise kann 'karmisches Chaos' auf subtilen, energetischen Ebenen *in uns* Blockaden im Energiefluss verursachen. Diese Blockaden beeinträchtigen unser körperliches und emotionales Wohlbefinden, unseren spirituellen Fortschritt, ja selbst die Ereignisse und Menschen, die in unserem Leben ein- und ausgehen. Wenn die Energie frei fließt, fühlen wir uns im Frieden, gesund, kreativ. Ist sie blockiert, fühlen wir uns nicht so leicht, gesund, schwingend und spirituell, wie wir uns fühlen könnten.

Während wir nicht wirklich das verändern können, was sich in der Vergangenheit ereignet hat, können wir uns und andere von der Last unserer Fehler der Vergangenheit befreien. Wir können dies tun, indem wir den Schaden bei den Menschen, die wir geschädigt haben, wieder gutmachen und anderen in unserer Gemeinde dienen. Wir können den Prozess der

Bereinigung unseres Karmas auch mit bestimmten spirituellen Techniken beschleunigen.

Die heiligen Texte des Ostens und Westens berichten uns, dass wir Gebete, Mantras und heilige Gesänge einsetzen können, um uns von unseren 'Sünden' (negatives Karma) zu reinigen, die Aufzeichnungen zu korrigieren – in der Tat, die Vergangenheit zu verändern. Ein hinduistischer Text formuliert es folgendermaßen: "Die höchste Intelligenz tanzt in der Seele ... mit dem Ziel, unsere Sünden zu beseitigen. Dadurch vertreibt unser Vater die Dunkelheit der Illusion, verbrennt die Fessel des Karmas, stampft das Böse nieder, lässt Gnade regnen." "Auch wenn eure Sünden scharlachrot sind", verkündete der Prophet Jesaja, "werden sie so weiß wie Schnee sein."

Im Kern sind die Gebete und Praktiken, die über die Weltreligionen weitergegeben werden, heilige Formeln, um das Licht des Heiligen Geistes zur Vergebung und Reinigung herbeizurufen. In einigen spirituellen Traditionen wurde diese kraftvolle, verwandelnde Energie des Heiligen Geistes als violettes Licht gesehen, das als 'violette Flamme' bekannt ist.

So, wie ein Sonnenstrahl, der durch ein Prisma fällt, in die sieben Farben des Regenbogens gebrochen wird, manifestiert sich auch das spirituelle Licht als sieben Strahlen oder 'Flammen'. Wenn wir diese spirituellen Flammen in unseren Gebeten und Meditationen anrufen, so erzeugt jede dieser Flammen eine besondere Wirkung in unserem Körper, in unserem Verstand und in unserer Seele. Die Farbe und Frequenz des spirituellen Lichts der violetten Flamme stimuliert Gnade, Vergebung und Transmutation.

'Transmutation' bedeutet 'Verwandlung' – Verwandlung in eine höhere Form. Dieser Begriff wurde vor Hunderten von Jahren von den Alchemisten verwendet, die auf der physischen Ebene versuchten, unedle Metalle in Gold zu verwandeln – und auf spiritueller Ebene, die Verwandlung und das ewige Leben zu erreichen.

Genau dies kann die violette Flamme. Es handelt sich dabei um eine hochfrequente spirituelle Energie, die die 'groben' Elemente unseres Karmas vom Gold unseres wahren

---

»Die Menschen heutzutage gehen davon aus, dass man die Geschichte, so wie sie aufgezeichnet ist, (...) nicht verändern kann. Sie haben nicht mit der violetten Flamme der Verwandlung gerechnet.«

– EL MORYA

Selbst trennt, so dass wir unser höchstes Potenzial erlangen können. Sie wirkt im energetischen Bereich. Sie klärt persönliches Karma und Gruppenkarma und verstärkt das Gleichgewicht und den Strom der Energie in unserer Welt.

Edgar Cayce, der berühmte Seher des 20. Jahrhunderts, erkannte die heilende Kraft des violetten Lichts. In über 900 seiner Sitzungen empfahl er ein elektrisches Gerät - eine Maschine mit einem "violetten Strahl", die eine violettfarbene elektrische Ladung abgibt - um verschiedenste Beschwerden zu behandeln, u. a. Erschöpfung, Lethargie, schlechte Durchblutung, Verdauungsprobleme und nervöse Beschwerden.

Warum ist die violette Flamme solch ein kraftvolles Werkzeug? In unserer physischen Welt hat das violette Licht die höchste Frequenz im sichtbaren Spektrum. Fritjof Capra erklärt im 'Tao der Physik' ('The Tao of Physics'): "Das violette Licht hat eine hohe Frequenz und eine kurze Wellenlänge. Es besteht daher aus Photonen, die eine hohe Energie und ein starkes Momentum besitzen." [16] Von allen spirituellen Flammen kommt die violette Flamme hinsichtlich ihrer Schwingungsaktivität den chemischen Elementen und Verbindungen unseres physischen

Universums am nächsten. Daher besitzt sie die größte Fähigkeit, Materie auf der atomaren und subatomaren Ebene zu durchdringen und zu verwandeln.

Der Grund dafür, weshalb die violette Flamme die Vergangenheit sozusagen "verändern" kann, liegt darin begründet, dass sie auf der energetischen Ebene die Aufzeichnungen unserer Handlungen in der Vergangenheit sowie das negative Karma, das wir unter Umständen durch diese Handlungen erzeugt haben, auflöst. Dieses Karma gestaltet gemäß dem Gesetz des Kreises unsere Zukunft. Wenn es uns folglich gelingt, unsere Schöpfungen der Vergangenheit zu verwandeln, können wir ein besseres 'Morgen' erzeugen.

Dannion Brinkley, Autor von "Saved by the Light" ("Vom Licht gerettet") sagt, dass er während seiner Nahtod-Erfahrungen die violette Flamme gesehen und gespürt hat. Er berichtet, dass ihn, nachdem er "gestorben" war, ein Lichtwesen in eine Stadt mit kristallinen Kathedralen geleitet hat, die in Wirklichkeit Lehrräume waren. "Jede Kristallstadt verfügt über die violette Flamme sowie alle spirituellen Flammen", sagt er. "Doch die violette Flamme ist die großartigste aller Flammen. Die violette Flamme ist der reinste Ort der Liebe. Sie ist es, der Ihnen wirklich Ihre volle Kraft gibt."

Dannion hat auch erklärt: "Die violette Flamme ist ein Licht, das allen spirituellen Erben dient, das allen Dingen Respekt und Würde verleiht. Sie bietet uns eine Möglichkeit, uns miteinander zu verbinden." [17]

Sie können die violette Flamme für Ihre spirituelle Praxis im Alltag einsetzen, indem Sie die Gebete und Dekrete sprechen, die uns von den Meistern übergeben wurden.[18] Die violette Flamme hilft Ihnen, das Negative zu verwandeln und aus dem Positiven Nutzen zu ziehen. Sie kann auch die Heilung von Körper, Verstand und Seele erleichtern.*

»Das Großartigste an der violetten Flamme ist, dass sie nicht Hitze, sondern Liebe erzeugt.«

- DANNION BRINKLEY

Jeden Morgen bringt uns ein Engel unser Karma für den Tag. Sobald wir erwachen, wartet dieses Päckchen Karma auf uns und harrt der Auflösung. Daher ist es eine gute Idee, am Morgen Gebete zur violetten Flamme zu sprechen. Sie können sie während Ihres

---

* Bitte bedenken Sie, dass die violette Flamme, obgleich sie unsere Heilung auf vielen Ebenen zu erleichtern vermag, nicht dazu gedacht ist, eine reguläre medizinische Diagnose oder eine fachgerechte medizinische Versorgung zu ersetzen.

morgendlichen Gebetsrituals, unter der Dusche oder während Sie sich für den Tag fertig machen, sprechen, ja sogar, während Sie unterwegs zu Ihrem Arbeitsplatz sind.

Diejenigen unter uns, die die violette Flamme in ihren Gebeten verwendet haben, haben festgestellt, dass sie hilfreich ist, um Bewusstseinsmuster aufzulösen, inneren Schmerz zu zerstreuen und Gleichgewicht in unser Leben zu bringen. Sie erzeugt eine Bewusstheit für und eine Resonanz mit dem inneren Selbst, die die Kreativität und das Gefühl fördern, lebendig, wohlauf und für das Gute auf Erden aktiv zu sein. Die violette Flamme bietet uns eine Möglichkeit, um die Bedingungen auf der Bühne dieser Welt zu mildern, indem sie die wahre karmische Ursache, die den Kern der Probleme bildet, bereinigt.[19]

Eine Frau schrieb mir in einem Brief: "Jahrelang hatte ich Psychologen aufgesucht. Sie hatten mir dabei geholfen, Ursachen zu erkennen. Doch wie konnte ich das *ändern*?" Sie begann, jeden Tag mit Gebeten zur violetten Flamme zu arbeiten und sagte, dass die violette Flamme den tief sitzenden Groll durchdrang und auflöste. "Durch die violette Flamme", sagte sie, "ging ich aus dem Ganzen gesund, stark und dankbar hervor."

Eine andere Frau sagte: "Ich dachte immer, dass ich am Zustand dieser Welt nichts ändern könne. Ich war ja nur eine einzige Person. Und dennoch beschäftigte es mich sehr. Die violette Flamme löste dieses Problem für mich. Ich *konnte* tatsächlich etwas tun - und das war die spirituelle Arbeit an den Problemen dieser Welt. Ich konnte helfen, die Umweltprobleme in Angriff zu nehmen."

Ich habe Tausende von Menschen erlebt, die erfolgreich mit der violetten Flamme gearbeitet haben. Es erfordert bei jedem Menschen jeweils unterschiedlich viel Zeit - alles ist möglich, zwischen einem Tag und mehreren Monaten - bis sich sichtbare Erfolge einstellen. Doch wenn Sie konstant weiterarbeiten, werden Sie beginnen, den Unterschied zu spüren.

Spirituelle Übungen

• **Formulieren Sie Ihre ganz persönlichen Affirmationen**

  Wenn Sie bereit sind, mit der violetten Flamme zu experimentieren, können Sie mit dieser einfachen Affirmation zur violetten Flamme beginnen, die vielfach wiederholt werden sollte, wie ein Mantra, das in Ihrem Herzen singt:

  ICH BIN ein Wesen des violetten Feuers,
  ICH BIN die Reinheit, die Gott wünscht!

  Sie können auch Ihre persönlichen Variationen zu diesem Thema kreieren, wann immer das Bedürfnis hierzu in Ihnen aufkommt, wie etwa:

  Mein Herz lebt auf mit violettem Feuer,
  mein Herz ist die Reinheit, die Gott
  wünscht!

  Meine Familie ist in violettes Feuer gehüllt,
  meine Familie ist die Reinheit, die Gott
  wünscht!

*Die Erde ist ein Planet des violetten Feuers,
die Erde ist die Reinheit, die Gott wünscht!*

- **Energetisieren Sie Herz, Kopf und Hand**
  Diese Dekret-Gruppe, die Sie auf Seite 126
  finden, hilft uns, die drei Hauptaspekte unserer praktisch gelebten Spiritualität zu reinigen und zu energetisieren: Herz, Kopf und
  Hand.

  Wir beginnen mit dem Herzen, da das Herz
  der Dreh- und Angelpunkt des Lebens ist, sowohl in körperlicher als auch in spiritueller
  Hinsicht. Das Herz ist der Ort, an dem wir
  mit Gott kommunizieren. Von diesem Zen-
  trum aus senden wir unsere Liebe an die Menschheit aus, um diese zu nähren.

  Mit dem 'Herzmantra' rufen wir die verwandelnde Kraft der violetten Flamme an, damit
  sie negative Gefühle und Karma auflösen möge,
  die den Energiefluss durch unser Herz blockieren. Dieses Mantra hilft uns, die Qualitäten des Herzens zu entwickeln. Es hilft uns,
  offener und empfänglicher zu werden und mehr
  Mitgefühl für die Nöte so vieler Menschen zu

entfalten, die unsere Liebe und unsere Gebete brauchen.

Unser Kopf ist der Kelch, mit dem wir die kreativen Gedanken Gottes und unseres Höheren Selbst empfangen. Das 'Kopfmantra' reinigt die körperlichen und spirituellen Fähigkeiten des Verstandes, so dass wir klarer denken und kommunizieren können. Es hilft uns, unsere intuitiven Gaben zu stärken und eine schärfere Wahrnehmung der spirituellen Dimensionen zu entwickeln.

Unsere Hände verkörpern die Umsetzung unserer Spiritualität in die Praxis. Die Hand symbolisiert die Kraft Gottes, die Dinge geschehen lässt – durch unseren Beruf, unseren Dienst am Leben, die großen und kleinen Dinge, die wir tagtäglich für andere verrichten. Durch unsere Hand können wir enorm viel Energie und Heilung schicken. Im 'Handmantra' bestätigen wir, dass nichts unmöglich ist, wenn wir Hand in Hand mit Gott arbeiten.

Visualisierung:

Wenn Sie das 'Herzmantra' rezitieren, visualisieren Sie die violette Flamme in Ihrem Herzen als pulsierendes violettes Licht, das Ihr Herz weich macht, Wut in Mitgefühl, Bitterkeit in Freundlichkeit und Angst in Frieden verwandelt.

Wenn Sie das 'Kopfmantra' sprechen, sehen Sie geistig vor sich, wie die violette Flamme von Ihrem Herzen in den Kopf hinaufspringt und dort tief hineindringt, um Ihren Verstand von allen geistigen Blockaden, negativen Bildern und einschränkenden Glaubensvorstellungen über Sie selbst und andere zu reinigen. Stellen Sie sich vor, wie Ihr Verstand sich mit dem leuchtenden Licht Gottes anfüllt.

Während Sie das 'Handmantra' sprechen, visualisieren Sie, wie die violette Flamme Ursache und Wirkung, Aufzeichnungen und Erinnerungen an die Dinge löscht, bei welchen Sie Ihre 'Hand mit im Spiel' hatten, und die Sie am liebsten nicht getan hätten. Sie können jeden der auf der nächsten Seite zitierten Abschnitte dreimal sprechen, oder sooft Sie möchten.

Herz

Violettes Feuer, oh du göttliche Liebe,
lodere in meinem Herzen!
Du bist Gnade, für immer wahr,
halte mich stets in Einklang mit dir.

Kopf

ICH BIN Licht, du Christus in mir,
befreie meinen Geist für immer.
Violettes Feuer, leuchte stets
tief in diesem meinem Geist.

Gott, der du mir schenkst mein täglich Brot,
erfülle meinen Kopf mit violettem Feuer,
bis deine himmlische Ausstrahlung
aus meinem Geist einen Geist des Lichts macht.

Hand

ICH BIN die Hand Gottes in Aktion,
die jeden Tag den Sieg davonträgt.
Die höchste Freude meiner reinen Seele
ist es, den goldenen Mittelweg zu gehen.

9 Nutzen Sie jede Begegnung und jede Situation als Wachstumschance

»Ich lerne, indem ich dorthin gehe,
wo ich hingehen soll.«

\- Theodore Roethke

as Leben ist ein Spiegel. Die Menschen und die Umstände spiegeln uns die Themen und Probleme wider, mit denen wir uns befassen müssen. Befinden wir uns in einer schwierigen oder unangenehmen Situation, so ist unsere spontane Reaktion oft, dass wir um uns schlagen und uns aufregen, davonlaufen, oder einfach 'dichtmachen', so dass wir damit nichts zu tun haben müssen. Es gibt eine andere Alternative: in die Situation ganz einzutauchen, um aus ihr zu lernen.

Der Grund dafür, weshalb diese Alternative so effektiv ist, beruht auf der Tatsache, dass sie den unvermeidlichen Prozess der Auflösung beschleunigt. Obgleich es sein kann, dass es uns gelingt, einer Situation zu entkommen, werden die zugrunde liegenden Themen jedoch nicht verschwinden. Sie umtanzen uns wie Höllenhunde – vielleicht in anderer Verkleidung – bis wir uns ihrer annehmen. Ohne diesen Höllenhund würden wir weder spirituell wachsen noch unser Karma ausgleichen.

Es gibt keine Zufälle im Universum. Wer auch immer an Ihrer Türe anklopft (oder in Ihr Büro stürmt), überbringt eine Botschaft. Und – Sie mögen es glauben oder auch nicht – unsere Seelen haben manchmal ganz, ganz lange auf die Ankunft dieser Botschafter gewartet.

Folgende alte Geschichte aus Tibet steckt voller Bedeutung für unser Leben:

Eines Tages beugte sich ein ehrwürdiger buddhistischer Mönch im Wald über einen großen Kessel, in dem er gerade sein Gewand ockerfarben einfärbte. Eine Schar von Menschen, die gerade auf der Suche nach einem verlorenen Kälbchen unterwegs war, stieß auf den Mönch. Als sie sahen, dass das, was in seinem Kessel brodelte, blutfarben war, bezichtigten sie ihn, das Kalb gestohlen und getötet zu haben, und sie zerrten ihn vor das Gericht im nächsten Dorf. Dann legten sie ihn in Ketten und steckten ihn in ein Erdloch. Doch der Mönch sprach nicht ein Wort, um sich zu verteidigen – zum Kummer seiner Schüler, die wussten, dass er Vegetarier war und das Kalb niemals gestohlen hätte.

Einige Tage später fanden die Dorfbewohner das Kälbchen wieder und forderten den Häuptling des Dorfes auf, den Mönch wieder freizulassen. Der Häuptling jedoch hatte wichtige Angelegenheiten zu erledigen, und der Mönch verblieb monatelang in der Grube. Schließlich erhielt einer seiner Schüler eine Audienz beim König und berichtete, was geschehen war. Aus Angst davor, es könne aufgrund des Fehlers ein Unglück über sein Königreich hereinbrechen, befahl er, den Mönch sofort freizulassen, bat ihn um Vergebung und versprach, die Verantwortlichen zu bestrafen.

Der Mönch jedoch flehte den König an, niemanden zu bestrafen. "Diesmal sollte ich leiden", gestand er.

"Wie denn das?", fragte der Herrscher überrascht.

Der Mönch erklärte, dass er in einem früheren Leben ein Kalb gestohlen hatte. Er entkam seinen Verfolgern und ließ es bei einem heiligen Mann, der im Wald meditierte. Der heilige Mann wurde des

Verbrechens für schuldig erklärt und sechs Tage lang in Ketten in ein Erdloch geworfen. "Ich habe schon viele Leben lang darauf gewartet, meine Sünde zu büßen, und ich bin Ihren Untertanen dankbar, dass sie mir die Gelegenheit geschenkt haben, mich von diesem Karma zu befreien", sagte der Mönch. Als er seine Geschichte beendet hatte, zog er sich in den Wald zurück, um seine spirituellen Praktiken erneut wieder aufzunehmen.[20]

»Und wenn der Botschafter eine Ameise ist – schenke ihm Beachtung.«

– EL MORYA

Viele Umstände in unserem Leben ähneln diesem. Das Leben ist ein großartiger Lehrer. Wie die Psychoanalytikerin Karen Horney einmal erläuterte: "Glücklicherweise ist die [Psycho-] Analyse nicht die einzige Möglichkeit, um unsere inneren Konflikte zu lösen. Das Leben selbst ist und bleibt ein sehr effektiver Therapeut." Oft ziehen wir immer wieder die gleiche Art von Menschen und die gleiche Art von Situationen an, bis wir die Gelegenheit wahrnehmen, um unser Karma auszugleichen und unsere Lektion zu lernen.

Haben Sie beispielsweise ungelöste Probleme mit Ihrem Vater oder Ihrer Mutter, so werden Sie immer wieder Beziehungen und Menschen anziehen, die die gleichen Themen in den Vordergrund beschwören. Neigen wir zu Vorurteilen, werden wir wahrscheinlich immer wieder auf Menschen stoßen, die unsere Kritik erregen, bis wir lernen, jeden zu lieben – und bis wir herausgefunden haben, weshalb wir das *Bedürfnis* haben, kritisch zu sein. Denn das alte Sprichwort sagt die Wahrheit: "Wir können den anderen nicht verändern – wir können nur uns selbst ändern. Wir können nicht unbedingt ändern, was uns geschieht. Wir können nur unsere Reaktion darauf ändern."

Das Leben entspricht in vielerlei Hinsicht dem Film "Und ewig grüßt das Murmeltier" ("Groundhog Day"). Wir müssen immer und immer wieder die gleichen Szenen durchspielen, bis wir sie schließlich richtig hinbekommen. Alles im Leben sind Lektionen, die uns helfen, die Meisterschaft über uns selbst zu erringen, so dass wir unsere Examen ablegen und den Abschluss an unserer Erdenschule erlangen können.

Manchmal sind es die Ereignisse, mit welchen wir konfrontiert werden und die katastrophal erscheinen, die uns aus unserem 'Mauseloch' heraustreiben und uns dazu zwingen, neue Perspektiven zu ergründen. Der berühmte Illustrationskünstler des

20. Jahrhunderts, Norman Rockwell, blickte dieser Initiation geradewegs ins Auge, als nach der Fertigstellung seines Meisterwerks, der Darstellung der 'Vier Freiheiten', sein Studio in Flammen aufging und bis auf die Grundmauern abbrannte. Er verlor alles – seine Antiquitäten und seine Kunstwerke, seine Kostüme und Zeitungsausschnitte, seine Farben und seine geliebten Pfeifen. 28 Jahre der Malerei, der Reisen und des Sammelns waren zerstört.

Rockwell nahm den Brand in der Öffentlichkeit mit Humor hin. Er veröffentlichte sogar einen lustigen Sketch in der 'Saturday Evening Post', in dem er die Details des Vorfalles darstellte. Doch es muss sicherlich eine erschütternde Erfahrung gewesen sein. In seiner Autobiographie schrieb er in einem Kapitel mit dem Titel "Ich erhebe mich aus der Asche": "Es ist gerade so, als würdest du deinen linken Arm verlieren und mitten in der Nacht aufwachen und nach einem Glas Wasser greifen – und plötzlich erkennst du, dass du nichts mehr hast, womit du danach greifen könntest." [21]

Dieses Ereignis stellte für den Künstler einen Wendepunkt in seinem Leben dar. Er stellte fest, dass er eigentlich schon lange in ein weniger abgeschiedenes Zuhause umziehen wollte. Er fand eines und begann, sich ein neues Studio aufzubauen. Einige Beobachter sagen, dass sich auch seine Werke veränderten, weil er nicht mehr auf seine alten Vorlagen zurückgreifen konnte. Mehr denn je setzte er seine künstlerische Ader vor Ort ein, um die Welt um ihn herum zu porträtieren. Diese 'Feuerprobe' brachte Rockwell auf eine andere Ebene und löste seinen nächsten Sprung im Wachstum seiner Seele aus.

Spirituelle Übungen

- **Fragen Sie nach dem Offensichtlichen**
  Wenn Sie sich das nächste Mal in einer Situation befinden, die Sie am liebsten vermeiden würden, so fragen Sie sich: "Was kann ich aus dieser Begegnung lernen? Welche Botschaft schickt Gott mir da? Was kann ich zur Auflösung beitragen, anstatt einfach davonzulaufen?"

- **Betrachten Sie die Muster und fragen Sie sich:**
  "Welche Umstände oder welche Art von Menschen treten immer wieder als wiederkehrendes Muster in mein Leben?" (Bekommen Sie beispielsweise immer wieder einen Arbeitsplatz, an dem Sie von Ihrem Abteilungsleiter oder Ihren Mitarbeitern das Gefühl vermittelt bekommen, Sie seien _____ , oder finden Sie sich in Freundschaften oder Beziehungen wieder, in welchen Ihre Freunde oder Partner Ihnen das Gefühl vermitteln, Sie seien _____ ?)

"Welches positive Verhalten möchte ich entwickeln, so dass ich aus diesen Mustern ausbrechen kann?" (Müssen Sie beispielsweise, um Ihre Seele wachsen zu lassen, Ihre Vorgesetzten unterstützen, anstatt zu kritisieren – oder sollten Sie aufrichtig sein und für sich selbst einstehen? Müssen Sie Ihr Herz öffnen? Oder gesunde Grenzen ziehen?)

10 Praktizieren Sie liebevolle Freundlichkeit jedem gegenüber – auch sich selbst

»Ein freundliches Wort kann drei kalte Wintermonate wärmen.«
- Japanisches Sprichwort

Wenn ein Kind lernt, das Alphabet zu schreiben und Ihnen seine ersten ungelenken Versuche zeigt, so sagen Sie ihm, welch wunderbare Arbeit es da geleistet hat. Sie belächeln es nicht, weil die Rundungen seines 'S' falsch herum zeigen. Sie loben es, und das kleine Lächeln, das es in Ihre Richtung schickt, ist Ihre Belohnung dafür.

Was wäre, wenn wir dies mit jedem Menschen so handhaben würden, der uns begegnet? Was wäre, wenn wir beschließen würden, nicht immer auf den unperfekten Makeln des anderen herumzureiten, sondern die Seele zu lieben und zu unterstützen, die darum bestrebt ist, vollkommen zu werden? Was wäre, wenn wir jeden Menschen genauso behandeln würden wie das kleine Kind, das uns gerade sein erstes Bild von Papa oder seinen ersten Schreibversuch mit dem Alphabet gezeigt hat?

Wenn wir anderen ein positives Signal senden und damit zeigen, wie wunderbar sie sind, selbst wenn sie es in diesem Augenblick nicht zum Ausdruck bringen, so unterstützen wir sie, während sie in diese Matrix hineinwachsen. Kritisieren wir sie stattdessen, verurteilen sie oder klatschen über sie, so verstärken wir die Triebkräfte ihres niederen Selbst, anstatt die positiven Impulse ihres spirituellen Selbst, zu betonen.

Ich habe herausgefunden, dass die beste Methode darin besteht, über niemanden etwas zu sagen, das Sie ihm nicht auch direkt ins Gesicht sagen würden. Finden Sie außerdem für jeden Menschen, den Sie treffen, das Netteste, was Sie über ihn sagen können. Es muss auch der Wahrheit entsprechen. Sagen Sie es dann zu ihm. Wenn Sie Feedback geben müssen, so versuchen Sie, es so zu formulieren, dass es hilfreich und nicht verletzend, konstruktiv und nicht verurteilend ist.

Es gibt eine wunderbare hasidische Geschichte, die eben diese Lektion lehrt. Ein hochverehrter

Rabbi machte es sich zur Gewohnheit, seine Freunde und Schüler einzuladen, um mit ihnen am Sabbatmahl den Tisch zu teilen. Bei einer dieser Gelegenheiten betrat ein ungehobelter, nachlässig gekleideter Mann den Raum und setzte sich hin. Die Schüler des Rabbi betrachteten ihn naserümpfend, als er daraufhin einen großen Rettich aus seiner Tasche zog.

Der Rabbi schien das krachende Essgeräusch zu überhören, das vom anderen Ende des Tisches erklang. Schließlich fragte einer der Schüler, bemüht darum, dass der Rabbi es nicht mithörte, den Besucher, wie er nur den Nerv haben könne, die Etikette des Mahles ihres hochverehrtesten Gastgebers zu stören. Genau in diesem Augenblick bemerkte der Rabbi wie zufällig: "Was wäre es doch wunderbar, wenn ich genau jetzt einen richtig guten Rettich zu essen hätte."

Der Rettichesser zauberte mit einem breiten Grinsen auf den Lippen aus seiner Tasche eine weitere dicke, scharfe, rote Wurzel hervor. Der Rabbi lobte seinen Gast für seine Großzügigkeit und kaute dann geräuschvoll und mit sichtlichem Vergnügen an dem Rettich.[22]

Der Rabbi wusste, dass es überhaupt nichts Gutes bewirken würde, wenn er seinen Gast kritisierte

- und in der Tat gab es auch gar nichts zu kritisieren für ihn. Stattdessen suchte der Rabbi nach genau dem, was das Selbstwertgefühl des Mannes in jenem Moment heben würde. Dies ist eines der schönsten Geschenke, das wir anderen machen können - *ihnen dabei behilflich zu sein zu erkennen, was an ihnen so Besonderes ist.*

Wenn wir über liebevolle Freundlichkeit sprechen, gibt es eine Person, die wir an dieser Stelle einfach nicht unerwähnt lassen dürfen - uns selbst. Gautama Buddha sagte einmal: "Ihr könnt die ganze Welt durchsuchen - ihr werdet niemanden finden, der die Liebe mehr verdient als ihr selbst." Vielen von uns fällt es so schwer, sich mit dieser Vorstellung anzufreunden. Doch wenn Sie über Ihre Wurzeln nachdenken, Ihren göttlichen Ursprung, dann fällt es gar nicht schwer, diese Vorstellung zu übernehmen. Sie sind ein Sohn oder eine Tochter Gottes, und Gott liebt Sie genau so, wie ein Vater und eine Mutter ihr

> *»Jener beste Teil im Leben eines guten Menschen – seine kleinen, namenlosen Gesten der Freundlichkeit, an die sich keiner erinnert.«*
> - WILLIAM WORDSWORTH

Kind lieben. Wenn Sie sich also selbst verurteilen, verurteilen Sie in Wirklichkeit einen Teil von Gott! Denken Sie hierüber nach, wenn Sie das nächste Mal über sich selbst – oder auch über jemand anderen – herziehen.

Wir alle begehen Fehler. Doch es ist gefährlich, zu sich selbst zu sagen: "Nun, weil ich dies und jenes getan habe, bin ich einfach nicht gut genug, als dass mir heute Gott oder auch nur der kleinste Engel seine Aufmerksamkeit schenkt."

Es ist gut, wenn man spürt, dass man etwas tut, was Gott gefallen würde. Doch vergessen Sie nicht, dass Gott Sie zunächst und vor allem dafür liebt, *wer Sie sind*, und nicht, was Sie tun. Es ist ein angenehmer, sanfter Augenblick, wenn Sie erkennen, dass Gott Sie nicht deshalb liebt, weil Sie etwas vollbracht haben – Gott liebt Sie, *weil Sie sind, wer Sie sind*.

Wenn wir einen Fehlstart haben, holt Gott nicht die Peitsche hervor. Gott sagt: "Rapple dich wieder auf. Klopfe dir den Staub ab. Sei dir gewiss, dass du eine Lektion lernst. Das nächste Mal wirst du siegen, weil du die Gefahren und Fallstricke, die dir genau auf diesem bestimmten Wegstück begegnen, bereits kennst."

Selbstverurteilung ist eine der größten Herausforderungen auf dem spirituellen Weg. Sie kann unser spirituelles Wachstum ernsthaft behindern, und wir sind die Einzigen, die wirklich etwas daran ändern können. "Niemand", sagt Eleanor Roosevelt, "kann ohne Ihre Einwilligung bewirken, dass Sie sich minderwertig fühlen."

Wollen wir die Grenzen, die wir oder andere uns auferlegen, nicht überwinden, werden wir immer mit dem Kopf an die Decke stoßen - an eine Decke, die wir selbst geschaffen haben, weil wir uns selbst eingeredet haben, dass wir nicht imstande sind, uns noch höher zu entwickeln und dies auch nicht verdient haben.

Wenn wir den tiefen Glauben besitzen, dass wir keinen Erfolg haben können oder eine gute Beziehung oder einen guten Arbeitsplatz nicht verdienen, sabotieren wir uns selbst. Traurigerweise misslingt manchen Menschen alles, was auch immer sie tun, nur um sich selbst oder einem anderen zu beweisen, dass sie einfach nicht gut genug sind. Dies ist ein Mechanismus, der im Unterbewusstsein abläuft - Misserfolg als Mittel der Selbstbestrafung, Misserfolg, um jedem zu beweisen, dass sie so schlecht sind, wie sie (oder andere) es ständig behaupten.

Der Durchbruch kann nur erfolgen, wenn wir den spirituellen Teil von uns betrachten, nicht den menschlichen Teil. Die Menschen glauben, sie oder andere seien nicht gut genug, da sie den menschlichen Teil der jeweiligen Persönlichkeit betrachten – die Schwächen und individuellen Eigenarten, die wir alle geerbt haben – und sind enttäuscht. Doch wir perfektionieren nicht unseren menschlichen Teil. Wir bringen unseren spirituellen Teil zur Reife. Das allein zählt wirklich.

Spirituelle Übungen

- **Benutzen Sie die Zeichensprache**
  Wenn Sie ein Problem mit Ihrem Selbstwertgefühl haben, versuchen Sie es doch mit einem Symbol, das ausdrückt: "Gott liebt mich, weil ich so bin, wie ich bin." Heften Sie dann dieses Symbol an Ihren Badezimmerspiegel oder an eine andere Stelle, an der Sie es jeden Tag sehen können.

- **Schätzen Sie andere Menschen wahrhaftig in deren Wert**
  Machen Sie, um liebevoll-freundlich zu sein, einen geistigen Schnappschuss, wenn jemand auf Sie zukommt. Denken Sie sich, bis die betreffende Person Sie erreicht hat, das Liebevollste aus, was Sie in diesem Augenblick zu ihr sagen können, und vergewissern Sie sich, dass Sie dabei wahrhaftig sind.

- **Legen Sie sich ein Tagebuch oder eine Mappe der Wertschätzungen an**
  Wenn Ihnen jemand etwas Wunderbares über Sie sagt – etwas, das Ausdruck Ihrer höheren

Natur ist - dann schreiben Sie es auf. Und danken Sie Gott dafür, dass er Sie mit jener besonderen Gabe bedacht hat und Ihnen die Gelegenheit gibt, diese mit anderen zu teilen. Nicht immer bemerken wir es oder erinnern uns daran, dass das Gold unseres wahren Selbst nach außen strahlt. Diese wertvollen Beobachtungen niederzuschreiben, kann uns helfen, zu uns selbst in jenen Augenblicken freundlich zu sein, wenn uns der Mut verlässt.

Ein Gebet für den Mekkabalsam

Oh Liebe Gottes, unsterbliche Liebe,
umschließe alles mit deinem Strahl.
Sende Mitgefühl von oben,
um sie alle heute zu erhöhen!
In der Fülle deiner Macht,
schicke deine glorreichen Strahlen
zur Erde hinab und auf alles, was dort ist,
wo das Leben im Schatten zu liegen scheint.
Lass' das Licht Gottes aufblitzen,
um die Menschen vom Schmerz zu befreien.
Erhöhe sie und kleide sie, Gott,
mit deinem mächtigen Namen ICH BIN!

11 Nehmen Sie sich Zeit für körperliche und spirituelle Erneuerung

»Wenn Sie gefragt werden:
  ›Welches ist das Zeichen des Vaters in dir?‹,
    so gib zur Antwort: ›Es ist Bewegung und
      Ruhe.‹«
                                    – Thomasevangelium

Kreative Anspannung ruft die dynamische Bewegung hervor, die das Leben darstellt. In der chinesischen Philosophie erzeugt das Wechselspiel der beiden Grundbausteine des Universums, des Yin und Yang des Tai Chi, alle Veränderungen im Universum. Diese beiden Kräfte – die männliche und die weibliche, die positive und die negative – bilden das Gegenteil voneinander und ergänzen sich zugleich. Sie sind im ständigen Fluss.

Denken Sie nur an die Erfahrungen, die Sie gemacht haben, wenn Sie einen Sprung auf eine neue Ebene taten – ob Sie Ihre ersten Schritte machten, lernten, Fahrrad zu fahren oder eine neue Sportart oder Fertigkeit meisterten. Ging mit diesem Durchbruch nicht jedes Mal auch kreative Anspannung einher – eine Dehnung der Sehnen? Kreative Anspannung holt das Beste aus uns hervor. Sie treibt uns dazu, noch weiter nach oben zu streben. Ohne sie würden wir nicht einen neuen, höheren Teil von uns gebären.

Bei der kreativen Anspannung zieht man gleichsam einen Pfeil auf einem straffen Bogen nach hinten, so dass er schnell und weit fliegen kann. Es gibt jedoch in dem ganzen Prozess eine Art Ebbe und Flut. Wenn der Pfeil vom Bogen abgeschossen wird, gibt es einen Punkt des Loslassens und der Entspannung. An diesem Punkt des Loslassens sortieren wir die Dinge neu und bereiten uns auf die nächste Herausforderung vor.

Die gesunde Lebensweise mit kreativer Anspannung besteht darin, die natürlich eintretenden Zyklen der körperlichen und spirituellen Erneuerung zu nutzen. Vergessen Sie selbst in einer intensiven Phase nicht, sich Zeit für Erholung zu gönnen. Nehmen Sie sich 15 Minuten Zeit, um etwas zu tun, was Sie erfüllt. Wenn wir dies nicht lernen, wird uns unser Körper dazu zwingen.

Eine Freundin erzählte mir einmal, dass sie mit einer Frau arbeitete, die sich einige Monate vorher einer Operation unterzogen hatte. Als meine Freundin sie fragte, wie sie sich fühlte, sagte die Frau scherzend: "Nun, wenn ich nicht bald eine Auszeit bekomme, werde ich anfangen, meine nächste Operation zu planen." Leider ist das kein Scherz. Wenn wir nicht auf unser Bedürfnis nach Erneuerung achten – in körperlicher und spiritueller Hinsicht – zwingen wir uns oft unbewusst oder bewusst dazu.

Da unser Körper, unser Verstand und unser Geist alle miteinander verbunden sind, kann es in der Tat förderlich für unsere Spiritualität wirken, wenn unser Körper gesund ist. Körperliches Training erhöht den Fluss dessen, was als 'Prana' bekannt ist, die Energie, die alle lebenden Dinge vitalisiert.

'Prana' ist das Sanskritwort für 'Atem' oder 'Atem des Lebens'. Prana ist die Lebensenergie, die alle lebendigen Dinge vitalisiert und alle Funktionen im Körper – körperliche und spirituelle, geistige und sensorische – kontrolliert. Ohne Prana würde unser Blut nicht zirkulieren, die Organe würden nicht funktionieren und unser Gehirn würde seine Arbeit nicht verrichten. In der Tat sind einige Verfechter des Yoga der Ansicht, dass Krankheit die Folge eines

Ungleichgewichts des Prana ist, und dass man Krankheit unter Kontrolle bekommen kann, wenn das Prana wieder richtig in Fluss gebracht wird.

Ein Mangel an Prana kann den Verstand und auch die Emotionen beeinflussen. Klinische Tests haben ergeben, dass eine Beziehung zwischen falscher Atmung und einem niedrigen IQ bei Kindern besteht. Und es ist nicht schwer zu sehen, wozu es führen kann, wenn man zu lange in einem stickigen Raum eingesperrt war: Stimmungsschwankungen, Depression oder Apathie – anstatt der Vitalität, die ein Energieschub durch frische Luft und Prana bewirkt.

> »Der menschliche Körper ist pure Vitalität, Energie und Geist ... Wenn Sie lernen möchten, den ›Großen Weg‹ zu gehen, müssen Sie diesen drei Schätzen Wert beimessen.«
>
> – LÜ YEN

Man sagt, Prana werde über die Luft am leichtesten im Körper aufgenommen. Während Sie sich körperlich betätigen, besonders an der frischen Luft und im Sonnenschein, atmen Sie mit jedem Atemzug Luft ein, die mit dieser dynamischen Kraft geladen ist.

Unsere Zeit der Körperübungen kann eine Zeit für spirituelle ebenso wie körperliche Erneuerung sein. Wir können diese Zeit nutzen, um in unser Herz zu kommen, mit unserem Höheren Selbst in Resonanz zu gehen und den Menschen, die Not leiden, unseren Segen zu schicken. Während wir laufen, können wir unsere Gebete und Affirmationen sprechen. Wenn ich in den schönen Bergen von Montana wandern gehe, atme ich gern tief ein, kommuniziere mit Gott und der Natur und spreche meine Gebete.

Gebete zu sprechen, während man sich körperlich betätigt oder arbeitet, ist eine uralte Praxis. Der hinduistische Text 'Shiva-Purana' beispielsweise erklärt, dass das Mantra an Shiva effektiv ist, "wenn es von einer Person wiederholt wird, ob sie geht oder steht oder mit irgendeiner anderen Tätigkeit beschäftigt ist." Und Mutter Teresa erklärt uns: "Die Arbeit unterbricht das Gebet nicht, und das Gebet unterbricht die Arbeit nicht."

Zusätzlich zu unseren Pausen für Körpertraining sind auch längere Phasen der spirituellen und körperlichen Erholung von grundlegender Bedeutung. Der Schlüssel liegt darin, sich eine Auszeit zu nehmen – sei es auf einem 'Yoga-Retreat' oder während einer ausgedehnten Fahrradtour in die Wälder oder ans Wasser – *bevor* Sie Ihren 'Umkehrpunkt' erreichen, den Punkt, an dem Sie uneffektiv werden, weil Sie nicht mehr im Gleichgewicht sind.

Eingangs sprach ich über die Kraft der Visualisierung, um unsere spirituellen Praktiken zu unterstützen. Was wir visualisieren, kann so kraftvoll sein, wie das, was wir körperlich und emotional tun, um unseren Körper, unseren Verstand und unsere Seele zu nähren. Wir können beispielsweise die Kraft unserer inneren Vision nutzen, um uns vorzustellen, wie wir selbst mit Licht angefüllt sind.

*»Stell' dir vor,
du seiest Licht.«*

- EIN KABBALIST DES
13. JAHRHUNDERTS

Patanjali, der in alten Zeiten das Wissen um das klassische Yoga Sutra gesammelt hat, lehrte: "Innere Stabilität erlangt man, indem man über einem leuchtenden, sorglosen, gleißenden Licht kontempliert." Ein Kabbalist aus dem 13. Jahrhundert erteilte den Rat: "Was immer man fest im Geiste implantiert, wird zu einer essenziellen Angelegenheit. Wenn du also betest und Gott segnest, oder dir wünschst, deine Intention möge Wahrheit werden, so stelle dir vor, du seiest Licht. Überall um dich herum – in jeder Ecke und zu allen Seiten – ist Licht.

Drehe dich nach rechts um, und du wirst helles Licht vorfinden. Auf deiner Linken Glanz, ein strahlendes Licht. Dazwischen, oben, das Licht der Gegenwart. Dieses ist umgeben vom Licht des Lebens ... Dieses Licht ist unermesslich weitreichend und endlos." [23]

Spirituelle Übungen

- **Stellen Sie Ihren persönlichen Bedarf an Erholung fest**
  Gestehen Sie sich – wenn Sie die Möglichkeit haben – Zeit für Erholung zu, bevor der nächste Arbeitszyklus zuschlägt?
  Wie viel Zeit brauchen Sie persönlich pro Woche für körperliche und spirituelle Erholung, um Ihr Gleichgewicht und Ihre Kreativität aufrechtzuerhalten?

- **Nutzen Sie Ihre Zeit für spirituelle Erholung optimal**
  Im Folgenden erhalten Sie einige einfache Mantras, die Sie wiederholen können, während Sie Sportübungen machen, spazieren gehen, Auto fahren, kochen oder Ihre Einkäufe erledigen.

  ICH BIN ein Wesen des violetten Feuers,
  ICH BIN die Reinheit, die Gott wünscht!

  Möge Gott gepriesen werden!

*ICH BIN die Auferstehung und das Leben
jeder Zelle und jedes Atoms meines Seins* –
jetzt manifestiert!*

- **Machen Sie die Übung "ICH BIN Licht",
  um sich wieder spirituell neu aufzuladen**
  Um den Energiefluss zu verstärken, setzen Sie
  sich bequem hin, wobei Ihre Füße flach auf
  dem Boden stehen, oder Sie nehmen den Yoga-
  sitz ein.

Visualisierung:

Visualisieren Sie, wie Ihr göttlicher Funke in
Ihrem Herzen brennt. Sehen Sie, wie er sich
in Ihrer Brust als glitzernde Kugel aus weißem
Feuer ausdehnt.
Sehen Sie dann, wie Ihr gesamter Körper in
eine Kugel aus weißem Feuer eingesiegelt wird.
Sehen Sie, wie das weiße Licht zunächst Ihren Körper, dann Ihre Emotionen, dann Ihren Verstand stärkt. Beginnt Ihr Verstand zu

---

* Sie können die Wendung "jeder Zelle und jedes Atoms meines Seins" mit allem
austauschen, was Sie energetisieren möchten, wie etwa "meiner Gesundheit", "meiner Nieren", meiner Beziehung", "meines Unternehmens", "meiner Finanzen".

wandern, so bringen Sie ihn sanft wieder zurück zur Visualisierung des weißen Lichts.

Wenn Sie bereit sind, rezitieren Sie die folgende Affirmation und visualisieren Sie dabei, wie das Licht von Ihrem Herzen in Form von Tausenden von Sonnenstrahlen ausgeht, um diejenigen, die das Licht Ihres Herzens brauchen, aufzurichten, zu energetisieren und zu heilen.

"ICH BIN" wird in Großbuchstaben geschrieben, denn jedes Mal, wenn Sie sagen: "ICH BIN ..." bestätigen Sie in Wirklichkeit: "Gott in mir ist ..."Was auch immer Sie als Affirmation nach den Worten "ICH BIN" sprechen, wird Realität werden, denn das Licht Gottes, das durch Sie hindurchströmt, wird diesem Befehl gehorchen.

ICH BIN Licht

ICH BIN Licht, glühendes Licht,
strahlendes Licht, intensives Licht.
Gott verzehrt meine Dunkelheit,
verwandelt sie in Licht.

ICH BIN heute ein Ziel der zentralen Sonne.
Durch mich strömt ein Kristallfluss,
eine lebendige Fontäne des Lichts,
das nie gemessen werden kann
durch des Menschen Denken und Fühlen.
ICH BIN ein Stützpunkt des Göttlichen.
Die Dunkelheit, die mich verbrauchen wollte,
wird verschluckt
vom mächtigen Strom des Lichts, das ICH BIN.

ICH BIN, ICH BIN, ICH BIN Licht.
Ich lebe, ich lebe, ich lebe im Licht.
ICH BIN des Lichts gesamte Dimension.
ICH BIN des Lichts reinste Intention.
ICH BIN Licht, Licht, Licht,
das die Welt durchflutet, wo immer ich gehe und
stehe,
das sie segnet, stärkt und
den Plan des Himmelsreichs weiterträgt.

12 Arbeiten Sie mit einem spirituellen Coach

*»Der Segen des Gurus [spirituellen Lehrers]
ist das Wertvollste im Leben.«*

- Ravi Shankar

Wenn wir eine neue Fertigkeit meistern wollen, suchen wir uns jemanden, der auf diesem Gebiet ausgebildet ist und werden dessen Schüler. Wir gehen bei einem persönlichen Lehrer in die Lehre – bei jemandem, der diesen Weg bereits vor uns gegangen ist und uns lehren kann, wie wir die Hindernisse auf dem Weg zum Ziel umgehen. Dies trifft in gleicher Weise auf unser spirituelles Leben zu, das seine eigenen Härten und Herausforderungen sowie erprobte Techniken bereithält, um sanfter dahinzugleiten.

Viele lehnen die Notwendigkeit eines spirituellen Coaches (Lehrers/Mentors) mit den Worten ab: "Ich kann das schon selbst, danke!" Es ist richtig, dass wir alle unseren eigenen Weg selbst schmieden und unsere eigenen Prüfungen auf unserem Lebensweg bestehen müssen. Doch es ist auch richtig, dass uns diejenigen, die die gleichen spirituellen Ziele bereits erreicht haben, die wir selbst auch anstreben, die Reise erheblich erleichtern können. Aus diesem Grund ist das Leben der Heldinnen und Helden von Ost und West schon immer Thema von Gesprächen am Lagerfeuer und Inhalt populärer Filme gewesen. Unsere Seelen möchten von denjenigen lernen, die bereits angekommen sind.

Wir alle können die Hilfe eines persönlichen Trainers nutzen, um spirituell fit zu werden. Die besten Trainer, die ich kenne, sind die Aufgestiegenen Meister. Sie sind Coaches im wahrsten Sinne des Wortes.

'Aufgestiegene Meister' ist eine andere Bezeichnung für die Heiligen und Adepten von Ost und West, die aus jeder Kultur und Religion hervorgegangen sind. Sie werden 'Aufgestiegene Meister' genannt, weil sie die Lebensumstände gemeistert, das menschliche Ego überwunden, ihren Lebenszweck erfüllt, ihre Prüfung in der Erdenschule abgelegt haben und 'aufgestiegen' sind, d.h. ihr Bewusstsein erhöht haben, um eins mit Gott zu werden. In den

Religionen des Westens sagen wir, dass sie in den Himmel gekommen sind. In östlicher Terminologie ausgedrückt, heißt es, sie sind 'erleuchtet' oder haben das 'Parinirwana' erreicht.

Wenn es eine spirituelle Wahrheit gibt, die in beiden Traditionen, sowohl in der des Ostens als auch des Westens, verwurzelt ist, so ist dies die Annahme, dass es höhere Dimensionen der Realität gibt, "die mit spirituellen Wesen bevölkert sind", wie Mary Baker Eddy schrieb. "Spirituelle Schritte nach vorn im Gewimmel des Universums des Verstandes", sagte sie, "führen zu spirituellen Sphären und erhöhten Wesen." [24] Jedes dieser "erhöhten Wesen" hat ein bestimmtes spirituelles Attribut gemeistert – wie etwa Gnade, Weisheit, Mitgefühl, Vertrauen, Liebe, Heilung, Nächstenliebe, Mut. Damit sind sie höchst qualifiziert, uns zu unterweisen.

»Spanne deinen Wagen an einen Stern.«
- RALPH WALDO EMERSON

Diese fortgeschrittenen spirituellen Wesen schulen und lenken uns auf inneren Ebenen. Während wir im Lauf unseres Lebens von vielen verschiedenen Lehrern lernen, können die Aufgestiegenen Meister uns besonders tatkräftig unterstützen (oder noch mehr), um uns auf dem Sektor unseres Bemühens zu fördern. Ihr unvergleichlicher spiritueller Impuls kann uns helfen, die Kunst der praktisch gelebten Spiritualität zu meistern und den göttlichen Plan für unser Leben zu erfüllen.

Ein wichtiger Grund, weshalb wir von einem spirituellen Coach profitieren können, ist die Tatsache, dass wir uns selbst nicht immer korrekt sehen. Wir erkennen unsere eigenen Schwächen nicht, oder, wenn wir dies tun, wissen wir nicht, wie wir diese überwinden können.

Bodhidharma, der Begründer des Zen-Buddhismus in China und der asiatischen Kampfsportart Kung-Fu, drückte es folgendermaßen aus: "Wenn Sterbliche am Leben sind, machen sie sich Sorgen über den Tod. Wenn sie satt sind, machen sie sich Sorgen über den Hunger. Sie sind geprägt von der 'großen Ungewissheit'. Doch weise Menschen denken nicht über die Vergangenheit nach. Und sie machen sich keine Sorgen über die Zukunft. Sie klammern sich auch nicht an die Gegenwart. Und von Augenblick zu Augenblick folgen sie dem Weg.

Wenn Ihr noch nicht zu dieser großen Wahrheit erwacht seid, wäre es besser, ihr würdet auf Erden oder im Himmel nach einem Lehrer suchen. Verstärkt eure Mängel nicht noch selbst." [25]

Spirituelle Coaches helfen uns, unsere Schwachpunkte zu überwinden. Sie helfen uns aber auch, unsere Stärken zu entwickeln und richtig zur Geltung zu bringen (wo wäre Luke Skywalker ohne Obi-Wan Kenobi?). Sie inspirieren und führen uns, damit wir voll und ganz werden, was wir werden sollen.

Ein Lehrer im wahrsten Sinne des Wortes möchte, dass Sie seine Fähigkeiten nicht nur erreichen, sondern diese noch übertreffen. Ein wahrer Lehrer ist jemand, der das Leben erleichtert, der den Schüler inspiriert, den Gipfel seines eigenen Seins zu erklimmen. So sahen einige der ersten Christen, die als 'Gnostiker' [26] bekannt sind, Jesus.

Das gnostische Buch des Philips ("Gospel of Philip") beispielsweise beschreibt den typischen Anhänger Jesu als jemanden, der ihm auf den Fuß folgt und nicht mehr länger ein Christ, sondern ein Christus ist. Im Evangelium des Thomas sagt Jesus: "Wer von meinen Lippen trinkt, wird so werden wie ich." Im geheimen Buch des Jakobus mahnt er: "Werdet besser, als ich es bin."

Selbst in den Evangelien des Neuen Testaments sagt Jesus: "Darum sollt ihr vollkommen sein, gleichwie euer Vater im Himmel vollkommen ist" und "Wahrlich, wahrlich ich sage euch: Wer an mich glaubt, der wird die Werke auch tun, die ich tue, und wird größere als diese tun; denn ich gehe zum Vater." [27]

In einem buddhistischen Text heißt es in ähnlicher Weise: "Der Keim der Buddhanatur sitzt in jedem lebendigen Wesen. Daher ist von jetzt an und für immer alles, was lebt, mit der Essenz des Buddha durchtränkt" – mit dem Potenzial, zum Buddha zu werden. Der Zenmeister Hakuin Zenji drückte es ganz einfach aus: "Alle Wesen sind von Natur aus Buddha, so wie Eis von Natur aus Wasser ist."

> *Konfuzius wurde einmal gefragt, wie man gute Menschen erkennt. Er antwortete: »Wenn du ihnen nicht auf den Fuß nachfolgst, findest du keinen Zugang zu ihrem Wohnsitz.«*

Natürlich besteht das Ende der Übung nicht einfach darin, für uns selbst die spirituelle Meisterschaft, Frieden oder Erleuchtung zu finden. Wie Mark Prophet einmal sagte: "Spirituelle Meisterschaft bedeutet, dass du zu allererst Meister über dich selbst bist. Dann bist du imstande, anderen Menschen zu helfen – weil du imstande bist, dein eigenes Leben zu regeln und dir selbst zu helfen. Wenn du dich nicht um dein eigenes Haus kümmern und deinen eigenen Haushalt nicht in Ordnung bringen kannst, wie willst du dann anderen Menschen helfen können, ihren Haushalt instand zu setzen?"

Wie finden Sie nun Ihren Coach unter den Aufgestiegenen Meistern, und wie stellen Sie eine funktionierende Beziehung zu ihm her? Gibt es einen Heiligen oder einen Meister, zu dem Sie sich hingezogen fühlen? Beginnen Sie an diesem Punkt.

Das Buch "Die Herren der sieben Strahlen" ("Lords of the Seven Rays")[28] war schon für viele ein guter Ausgangspunkt, um etwas über das Leben von sieben Meistern, zu erfahren, die den Seelen der Erde sehr nahe stehen. Diese sieben Meister sind freiwillig zu Mentoren unserer Seelen geworden – um jeden von uns dabei zu coachen, was wir persönlich benötigen, um unsere Selbstbeherrschung und unsere Spiritualität in der Praxis zu beschleunigen.

Spirituelle Übungen

- **Wandeln und reden Sie mit Ihren Aufgestiegenen Meistern**

  Wählen Sie als spirituellen Coach einen Aufgestiegenen Meister, zu dem Sie sich hingezogen fühlen oder den Sie bewundern, wie etwa Jesus, den heiligen Franziskus, Konfuzius, Shiva, Gautama Buddha, Kuan Yin, Maria, Saint Germain. Beginnen Sie damit, sein bzw. ihr Leben zu studieren. Fragen Sie sich: "Was war die grundlegende Tugend, die spezielle spirituelle Qualität, die er entwickelt hat? Wie begegnete er den Herausforderungen des Lebens?"

  Am wichtigsten ist, dass Sie eine Herzensverbindung zu diesem Meister herstellen. Sprechen Sie mit ihm, wie Sie es mit einem guten Freund tun würden. Sagen Sie ihm, wann Sie seine Hilfe brauchen.

  Wandeln und reden Sie den ganzen Tag über mit diesem Meister. Fragen Sie den Meister bei jeder Gelegenheit: "Was würdest du jetzt tun?" Klopfen Sie unentwegt an die Tür dieses Meisters, bis Sie eine Antwort erhalten. Diese

Antwort kann sich als innere Eingebung oder Gefühl einstellen, als äußeres Zeichen, das sich in Ereignissen widerspiegelt oder durch die Worte eines Menschen – eines 'Botschafters', der in Ihre Welt eintritt.

- **Studieren Sie, welches spezielle Markenzeichen der praktisch gelebten Spiritualität Ihr Meister hat**
  Gehen Sie alle Schlüssel zur Spiritualität in der Praxis nacheinander durch, die Sie in diesem Buch gelesen haben und fragen Sie sich, wie beispielhaft Ihr/e Meister diese Schlüssel umgesetzt hat/haben:

  1. Wie verwandelten sie die Leidenschaft ihrer Seele in eine Mission?

  2. Was waren ihre Prioritäten im Leben?

  3. Wie blieben sie in Resonanz mit der inneren Stimme der Weisheit, und was lernten sie von dieser inneren Stimme?

  4. Was half ihnen, täglich eine spirituelle Verbindung herzustellen?

5. Welche Techniken benutzten sie, um göttliches Eingreifen in die Welt herbeizuführen?

6. Wie drückten sie ihre spirituelle Natur aus, und welche Hindernisse mussten sie zunächst aus dem Weg räumen?

7. Wie blieben sie auf die Gegenwart konzentriert?

8. Welche spirituellen Werkzeuge setzten sie ein, um ihr Karma aufzulösen und ihr spirituelles Wachstum zu fördern?

9. Wie wendeten sie jede Begegnung und jede Situation in eine Gelegenheit zu spirituellem Wachstum?

10. Wie drückten sie ihre liebevolle Freundlichkeit gegenüber anderen Menschen aus – und gegenüber sich selbst?

11. Wie gingen sie mit kreativer Anspannung um, und wie erholten sie sich?

12. Wer waren ihre Mentoren, und welche Lektionen lernten sie von ihnen?

- Üben Sie Selbstreflexion

  Fragen Sie sich, nachdem Sie die Tugenden herausgefunden haben, die Ihren Meistern geholfen haben, die Herausforderungen des Lebens zu umschiffen, was Sie selbst tun müssen, um eben jene Tugenden gleichfalls zu entwickeln.

  Versuchen Sie, deren Techniken in die Praxis umzusetzen, während Sie damit experimentieren, was Ihre Seele braucht, um sich in ihre eigenen Höhen emporzuschwingen...

Anmerkungen

1. Die Gnostiker gehörten zu einer Gruppe von christlichen Sekten, die in den ersten nachchristlichen Jahrhunderten florierten. Später wurden ihre Lehren von der Kirche unterdrückt. Die Gnostiker behaupteten, die geheimen Lehren Jesu zu besitzen, die sie von dessen engsten Anhängern erhalten hatten. Manche Gelehrte glauben, dass einige der aufgezeichneten Lehren der Gnostiker älter sind als die Evangelien im neuen Testament, und die Originallehren Jesu präziser wiedergeben.

2. Karma ist das Gesetz von Ursache und Wirkung, das Gesetz des Kreises. Karma sind die Auswirkungen der Ursachen, die wir in der Vergangenheit in Bewegung gesetzt haben.

3. C. Norman Shealy und Caroline M. Myss, "The Creation of Health: The Emotional, Psychological, and Spiritual Responses that Promote Health and Healing" ("So erzeugt man Gesundheit – die emotionalen, psychologischen und spirituellen Reaktionen, die die Gesundheit und Heilung fördern"), Walpole, N. H.: Stillpoint Publishing, 1988, 1993, S. 10.

   Eingangszitat zu Kapitel 3: von Hua Hu Ching: "The Unknown Teachings of Lao Tzu" ("Die unbekannten Lehren von Lao Tse"), von Brian Walker, HarperSanFrancisco, 1994, S. 36.

4. Adin Steinsaltz, "On Being Free" ("Über die Freiheit"), Northvale, N.J.: Jason Aronson, 1995, S. 235f.

5. Swami Prabhavananda, in Übersetzung, "Narada's Way of Divine Love" ("Naradas Weg der göttlichen Liebe"), Narada Bhakti Sutras, Madras: Sri Ramakrishna Math, 1971, Kommentar zu den Aphorismen 5, S. 30f.

6. "Spiritual Testimonies" ("Spirituelle Zeugnisse") 48 in: "The Collected Works of St. Teresa of Avila" ("Die gesammelten Werke der heiligen Teresa von Avila"), übersetzt von Kieran Kavanaugh und Otilio Rodriguez, Washington, D.C.: ICS Publications, 1976, 1, S. 344f.

7. "The Book of Her Life" ("Das Buch ihres Lebens") 26,2, in: Kavanaugh und Rodriguez, "Collected Works of St. Teresa of Avila" ("Gesammelte Werke der heiligen Teresa von Avila"), 1, S. 171.

8. Die Darstellung Ihres göttlichen Selbst ist auf der Seite 95 erläutert. Farbige Kopien der Darstellung sind als Poster (in den Größen 15x23 und 38x65cm) und im Taschenformat (6 x 8cm) bei Summit University Press erhältlich.

9. "The Book of Her Life" ("Das Buch ihres Lebens") 8,5 und "The Way of Perfection" ("Der Weg der Perfektion") 26,9 in: Kavanaugh und Rodriguez, "Collected Works of St. Teresa of Avila" ("Gesammelte Werke der heiligen Teresa von Avila"), 1, S. 67 und 2, S. 136.

10. Um es Ihnen zu ermöglichen, so viel Zeit wie möglich mit Ihrer spirituellen Arbeit zu verbringen, hat Elizabeth Clare Prophet mehrere CDs mit Gebeten, Affirmationen und Mantren entwickelt, die bei Summit University Press erschienen sind.

11. Jesaja 45,11, Hiob 22,27f.

12. Siehe Elizabeth Clare Prophet, "Mit Engeln arbeiten" veröffentlicht bei SILBERSCHNUR (Englische Originalausgabe: "How to Work with Angels", veröffentlicht bei Summit University Press).

13. Swami Prabhavananda, "Narada's Way of Divine Love" ("Naradas Weg der göttlichen Liebe"), S. 111.

14. Daniel Meacham, in: William Safire und Leonard Safire, Herausgeber und Verfasser, "Words of Wisdom: More Good Advice" ("Worte der Weisheit - mehr gute Ratschläge"), New York, Simon und Schuster, 1989, S. 274.

15. Matthäus 6, 26, 28, 30.

16. Fritjof Capra, "The Tao of Physics" ("Das Tao der Physik"), 2. Auflage, New York: Bantam Books, 1984, S. 141.

17. Dannion Brinkley, zitiert bei Elizabeth Clare Prophet mit Patricia R. Spadaro und Murray L. Steinman, "Saint Germain's Prophecy for the New Millenium" ("Die Prophezeiung von Saint Germain für das kommende Jahrtausend"), Corwin Springs, Montana, Summit University Press, 1999, S. 305.

18. Siehe "Spiritual Techniques to Heal Body, Mind and Soul" ("Spirituelle Techniken zur Heilung von Körper, Verstand und Seele"), 90 Minuten, Hörkassette, veröffentlicht von Summit University Press. Auf dieser Aufnahme erläutert Elizabeth Clare Prophet die kreative Kraft des Klanges und die violette Flamme und stellt dynamische Techniken vor, die Sie einsetzen können, um Ihr persönliches Leben zu verwandeln und spirituelle Lösungen für die globalen Herausforderungen von heute herbeizuführen.

19. Siehe Elizabeth Clare Prophet, "Saint Germain's Prophecy for the New Millenium" ("Die Prophezeiung von Saint Germain für das kommende

Jahrtausend"), herausgegeben von Summit University Press. Frau Prophet untersucht die hervorstechendsten Prophezeiungen für unsere Zeit, und zeigt auf, wie wir die violette Flamme einsetzen können, um Balance, Harmonie und positive Veränderungen in unserem Leben herbeizuführen und die negativen Weissagungen der Prophezeiung abzumildern.

20. Siehe Surya Das, "The Snow Lion's Turquoise Mane: Wisdom Tales from Tibet" (Die türkisfarbene Mähne des Schneelöwen - Geschichten der Weisheit aus Tibet), HarperSanFrancisco, 1992, S. 68f.

21. Norman Rockwell, "Norman Rockwell: My Adventures as an Illustrator" ("Norman Rockwell - Meine Abenteuer als Illustrationskünstler"), Garden City, New York, Doubleday & Company, 1960, S. 351.

22. Siehe Jack Kornfield und Christina Feldman, "Soul Food: Stories to Nourish the Spirit and the Heart" ("Seelennahrung - Geschichten als Nahrung für Geist und Herz"), HarperSanFrancisco, 1996, S. 134.

23. Daniel C. Matt, "God and the Big Bang: Discovering Harmony between Science and Spirituality" ("Gott und der Urknall - Die Entdeckung von Übereinstimmungen in Wissenschaft und Spiritualität"), Woodstock, Vt.: Jewish Lights Publishing, 1996, S. 73.

24. Mary Baker Eddy, "Science and Health with Key to the Scriptures" (Wissenschaft und Gesundheit mit Schlüssel zu den Heiligen Schriften"), Boston: "First Church of Christ" ("Die erste Kirche Christi"), Scientist, 1971, S. 513.

25. Red Pine, in Übersetzung, "The Zen Teaching of Bodhidharma" ("Die Zen Lehre des Bodhidharma"), San Franzisko, North Point Press, 1989, S. 75.

26. Siehe Anmerkung 1.

27. Matthäus 5, 48; Johannes 14, 12.

28. Mark L. Prophet und Elizabeth Clare Prophet, "Lords of the Seven Rays" ("Die Herren der sieben Strahlen"), veröffentlicht von Summit University Press. Dieses Buch ist allerdings noch nicht in Deutschland erschienen.

128 Seiten, broschiert
€ [D] 5,95
ISBN 978-3-89845-049-2

Elizabeth Clare Prophet
Mit Engeln arbeiten

Hier werden die praktischen Schritte in einem Zehn-Punkte-Programm aufgezeigt, wie man sich mit ihnen in Verbindung setzt, sich weiterhin ihrer Hilfe vergewissert und in Zusammenarbeit mit ihnen viel Gutes für sich und andere bewirkt.

Dieses Büchlein ist nicht nur ein Ratgeber, sondern vor allem eine praktische Anleitung, seinem Leben mit Hilfe der Engel eine höhere Qualität zu geben.

128 Seiten, broschiert
€ [D] 7,95
ISBN 978-3-89845-207-6

Elizabeth Clare Prophet
Erzengel Gabriel

Die amerikanische Bestsellerautorin Elizabeth C. Prophet gibt Ihnen in ihrem neuesten Buch das Rüstzeug an die Hand, um mit Erzengel Gabriel arbeiten zu können, damit dieser Ihnen wieder Freude, Hoffnung und kraftvolle Energie schenken kann, indem er Ihnen hilft, Ihre Wünsche zu bestimmen, sich in schwierigen Situationen zu entscheiden, sich aus destruktiven Energien zu befreien, Ihr inneres Kind zu heilen, oder er leitet Sie auch sicher aus Hoffnungslosigkeit, Depressionen und Trübsal. – Alles, was Sie dafür tun müssen, ist, den Engel zu rufen und ihn um Hilfe zu bitten…

144 Seiten, broschiert
€ [D] 7,95
ISBN 978-3-89845-147-5

Elizabeth Clare Prophet

Erzengel Michael

E. C. Prophet schlüsselt – basierend auf Bibel-texten wie auch auf Tatsachenberichten – die Bedeutung des Erzengels auf, die er sowohl für jeden einzelnen hat als auch für die gesamte Menschheit. Er erinnert uns gerade in der heu-tigen Zeit, in der es recht dunkel ist auf der Erde, daran, die Verbindung zu unseren himm-lischen Helfern nicht zu kappen. Denn: „Es gibt eine Welt des Lichts, die die Welt der Dunkel-heit überlagert, und alles, was ihr tun müsst, ist, euch nach dem Licht auszustrecken ..."

128 Seiten, broschiert
€ [D] 7,95
ISBN 978-3-89845-172-7

Elizabeth Clare Prophet

Erzengel Raphael

Elisabeth Clare Prophet schildert in diesem Band unserer Erzengelreihe in beeindruckender Wei-se Erzengel Raphaels segensreiches und be-schützendes Eingreifen in bedrohlichen Situa-tionen. Zudem stellt sie Übungen vor, um das Bewusstsein des Lesers zu öffnen und ihn ein-zustimmen auf diesen lichtvollen Erzengel. - Ein Meisterwerk, das wahrhaft Türen in die strah-lenden Lichtreiche der großen Erzengel öffnet!